近世の城と城下町

―膳所・彦根・江戸・金沢―

㈶滋賀県文化財保護協会　編

西洋美術史十講　ニューマン著

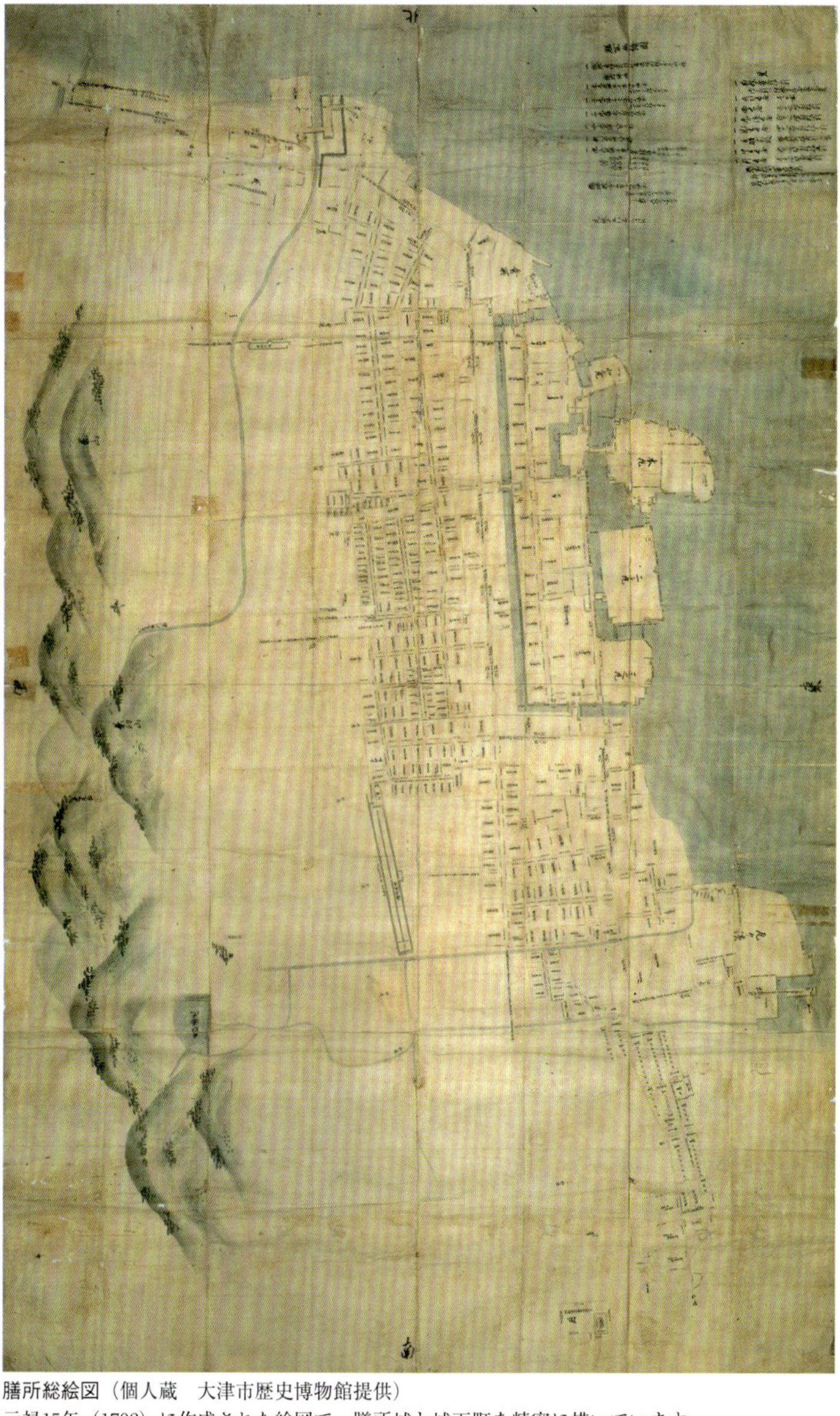

膳所総絵図（個人蔵　大津市歴史博物館提供）
元禄15年（1702）に作成された絵図で、膳所城と城下町を精密に描いています。

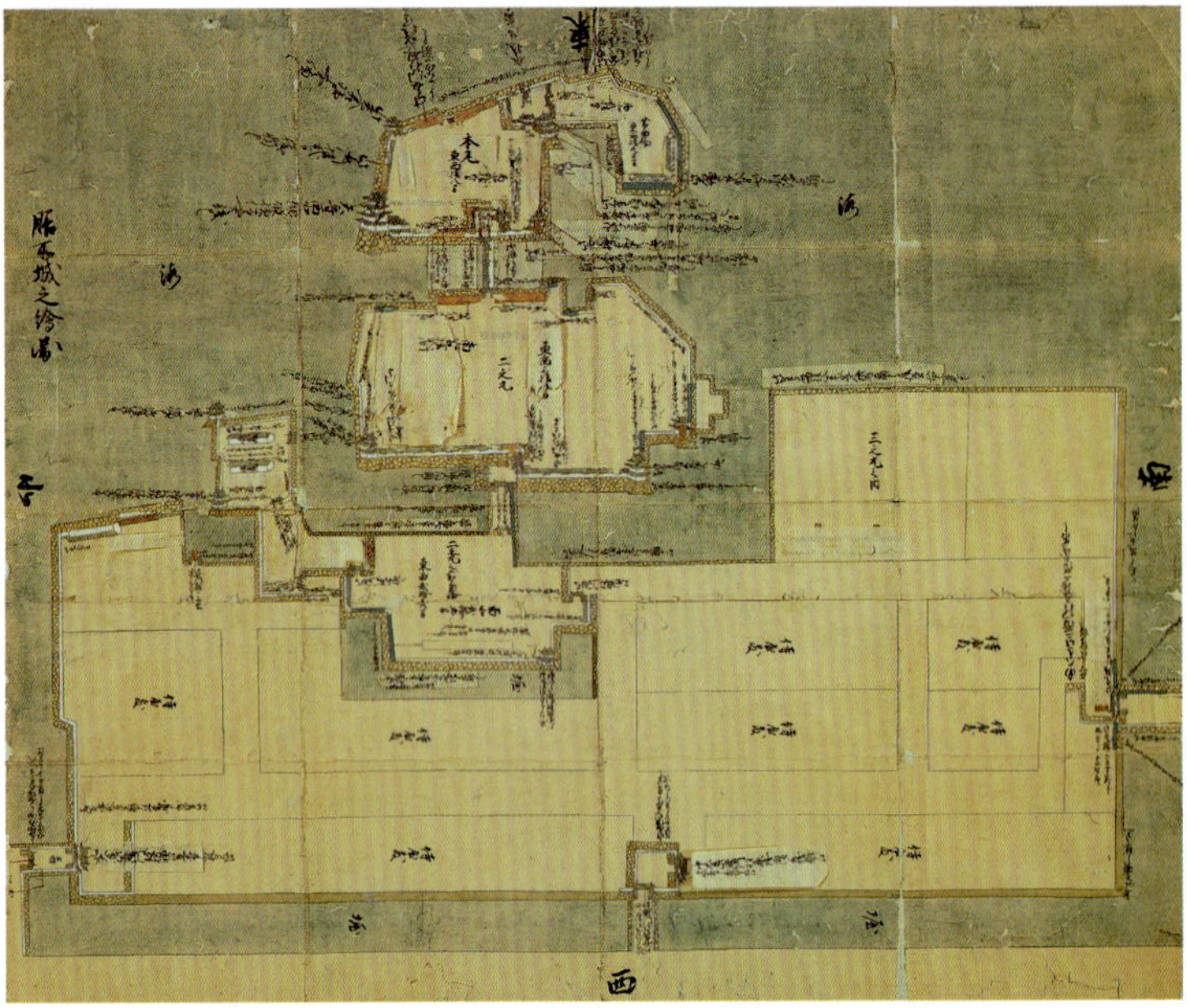

膳所城之図（「近江国各郡町村絵図」のうち、滋賀県立図書館蔵）

寛文２年（1662）の大地震の被害状況を記録した資料で、築城当初の本丸・二の丸が描かれています。

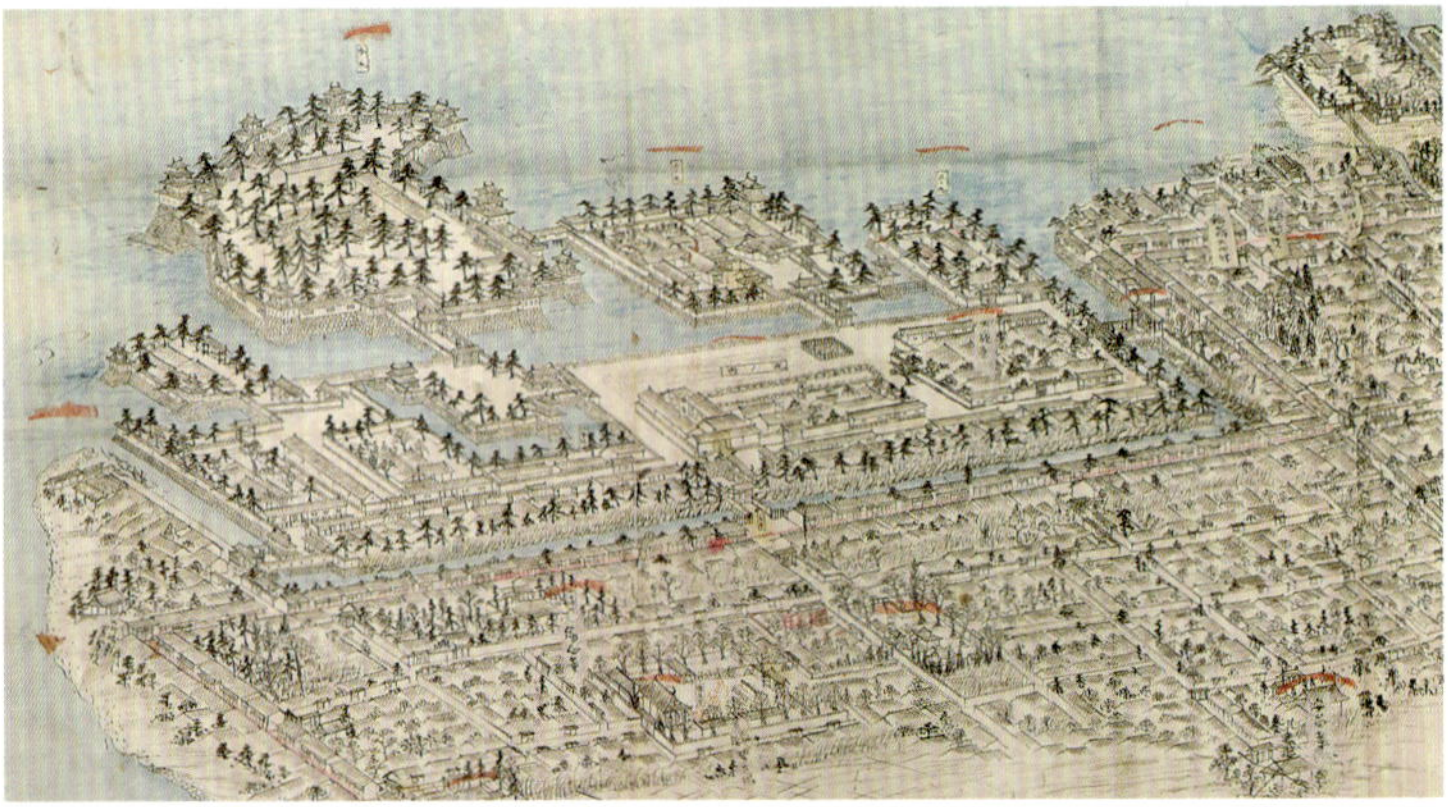

旧膳所城郭明細図［部分］（滋賀県立図書館蔵）

明治27年（1893）の記載がある鳥瞰図で、遵義堂が存在することから、文化５年（1808）以降の景観を描いたと考えられます。

膳所城 立葵紋軒丸瓦（大津市歴史博物館蔵）

膳所城下町遺跡出土梅林焼（ばいりんやき）（滋賀県教育委員会蔵）

彦根城天守と附櫓・多聞櫓（彦根市産業部観光課提供）

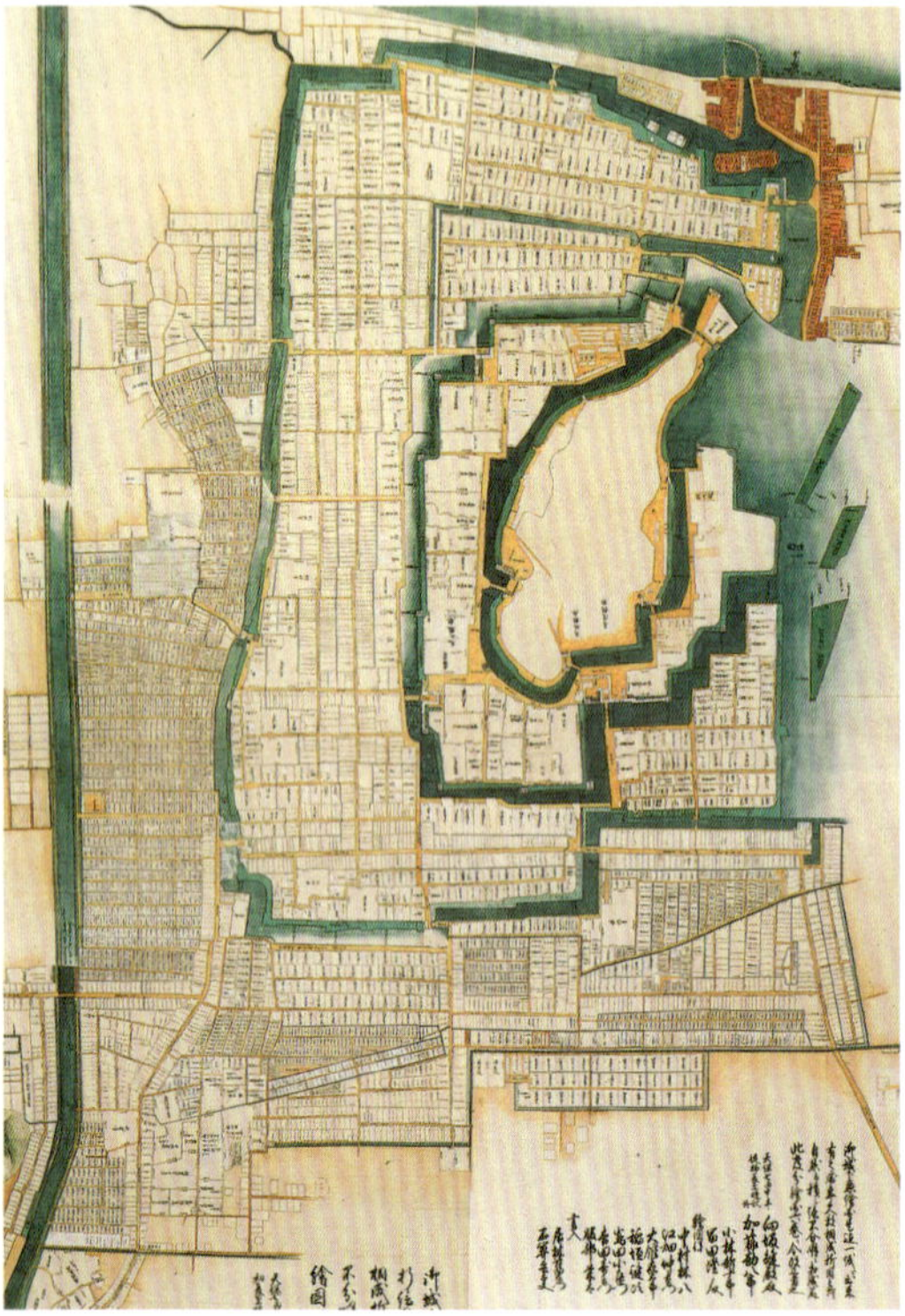

御城下総絵図（彦根城博物館蔵）
天保七年（一八三六）に作成された絵図で、江戸時代後期の彦根城下町を正確に伝えていると考えられます。

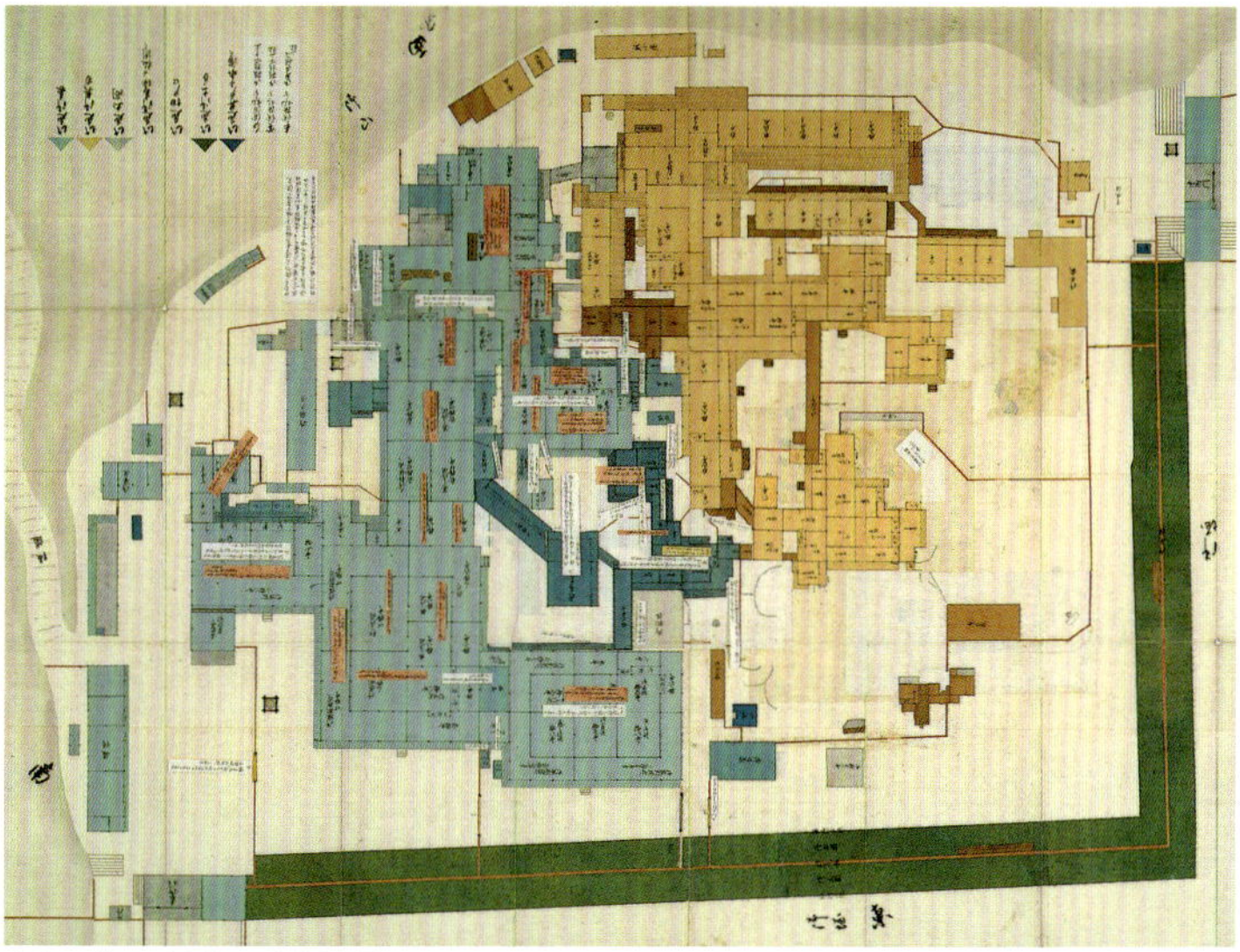

表御殿絵図（彦根城博物館蔵）

江戸時代後期に作成された彦根城表御殿の絵図で、藩の政庁として機能する部分と藩主の住居機能を持つ部分が色分けされています。

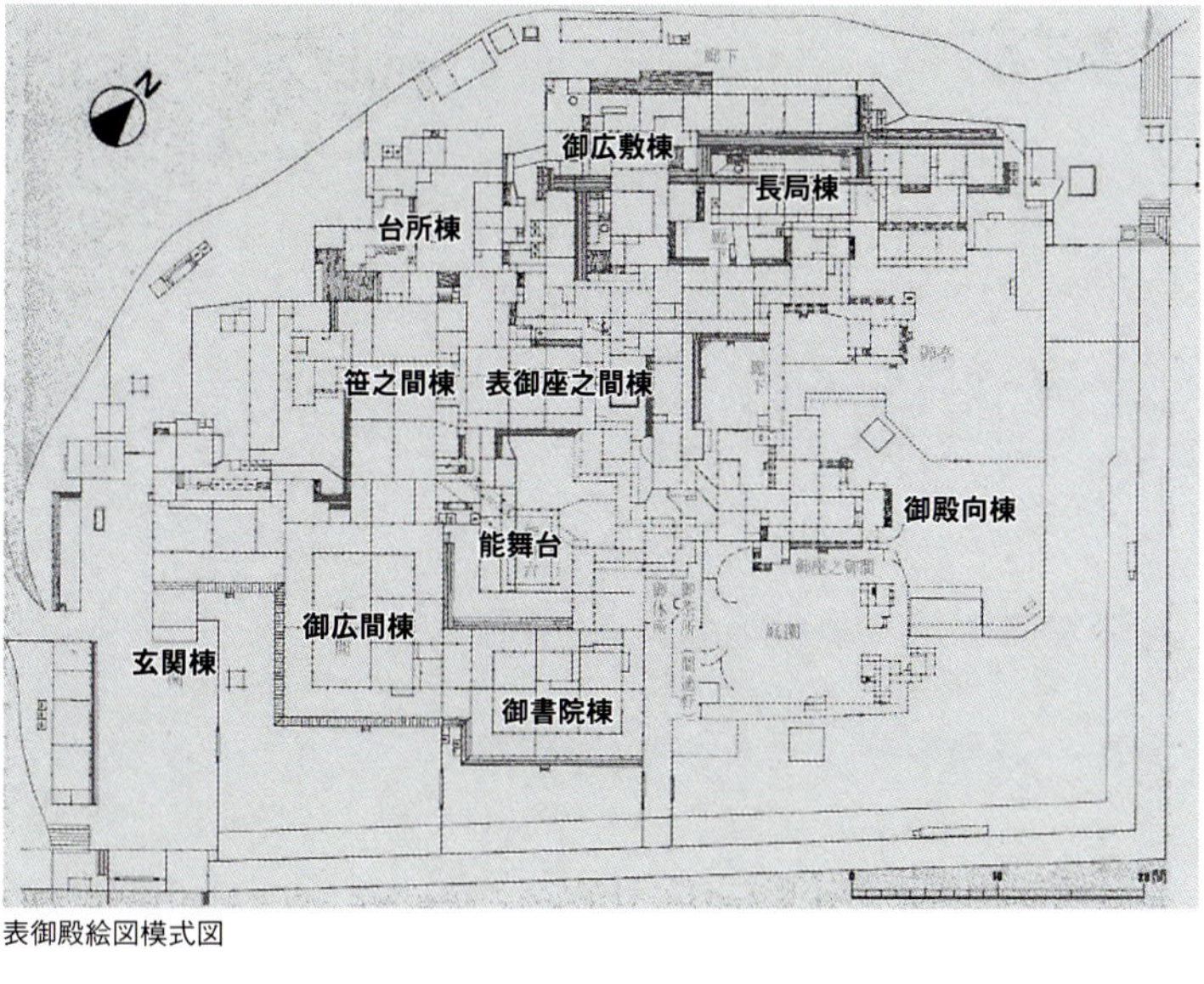

表御殿絵図模式図

彦根城表御殿出土茶碗・徳利・急須（彦根市教育委員会蔵）

彦根城表御殿出土紅入・紅猪口・簪（彦根市教育委員会蔵）

汐留　土留しがらみ遺構（東京都教育委員会提供）

汐留遺跡（伊達家屋敷跡）検出の上水木樋
（東京都教育委員会提供）

金沢城本丸附段調査区（石川県教育委員会提供）

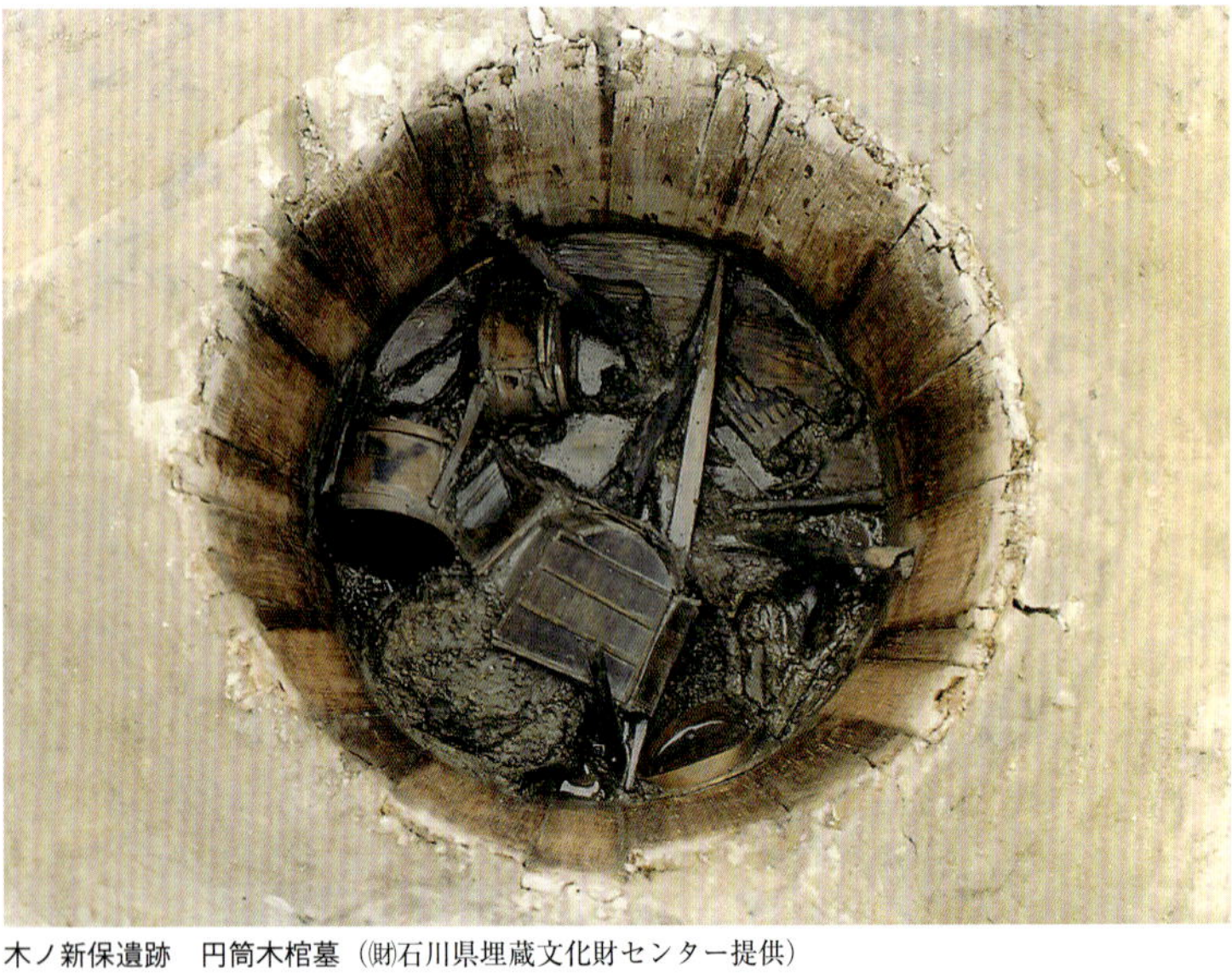

木ノ新保遺跡　円筒木棺墓（(財)石川県埋蔵文化財センター提供）

発刊にあたって

関ヶ原の合戦で天下を掌握した徳川家康は、江戸幕府を開き、重要地に譜代大名を配置して城を築き、城下町の整備を行いました。近江では、井伊氏の彦根城と戸田氏（後に本多・菅沼・石川氏）の膳所城がそれにあたります。これらの城と城下町は、幕府支配の要地として江戸時代を通じて幾度かの改修を行い維持されてきましたが、明治維新によって二つの城は対照的な結末を迎えることになります。

彦根城においては城内の、また、膳所城下町遺跡では城下町の発掘調査が行われ、城や城下町における人々の生活の様子が少しずつ蘇りつつあります。財団法人滋賀県文化財保護協会では第二二回調査成果展として、また、安土城考古博物館では開館一五周年記念第三四回企画展として、「城と城下町—彦根藩と膳所藩を中心に—」を開催し、滋賀県教育委員会、財団法人滋賀県文化財保護協会、彦根市教育委員会が発掘調査を行った膳所城下町遺跡、彦根城武家屋敷跡や彦根城表御殿跡から出土した資料を中心に、城と城下町の成り立ちとその歩み、そして城下町に住む人々の暮らしについて紹介しました。また、これに併せて博物館講座として平成一九年七月一五日に古泉弘氏（東京都教育委員会）に「江戸城と城下町」、九月九日には滝川重徳氏（石川県金沢城調査研究所）に「金沢城と城下町」について、それぞれ最新の調査成果をまじえてご講演いただきました。八月一二日には関連シンポジウム「城と城下町—彦根藩と膳所藩を中心に—」を開催し、藤井譲治氏（京都大学教授）に「天下統一と彦根・膳所築城」と題して彦根城・膳所城の築城の様子とその位置づけについて基調講演をしていただきました。谷口徹氏（彦根市教育委員会）には彦根城と城下町の歴史や調査成果についてご報告いただき、当協会調査担当者から膳所城下町遺跡の調査成果を報告いたしました。また、パネルディスカッションにおきましては、江戸時代においての築城のあり方から城下町での人々の暮らしぶりにいたるまで、広い視点から活発な議論が交わされました。

今回、これらの内容を記録として残し、より多くの皆様に活用いただけたらとの願いから、シンポジウム・講座記録『近世の城と城下町—膳所・彦根・江戸・金沢—』を発刊することになりました。

読者の方が、本書により、近世近江の礎を築いた彦根・膳所両藩と、その象徴である彦根城・膳所城の歴史に触れていただき、次代へ受け継いでいかなければならない歴史的文化遺産の大切さを知っていただければ幸いです。

最後になりましたが、シンポジウム・博物館講座の開催ならびにこの記録集の作成に際し、格別のご協力を賜りました講師の先生方をはじめ関係機関・関係各位に厚くお礼申し上げます。

平成二〇年三月

財団法人滋賀県文化財保護協会

理事長　小　川　啓　雄

目次

〔凡　例〕

●本書は、平成十九年七月一四日～九月九日まで滋賀県立安土城考古博物館で開催した財団法人滋賀県文化財保護協会第二二回調査成果展・滋賀県立安土城考古博物館開館一五周年記念第三四回企画展『城と城下町―彦根藩と膳所藩を中心に―』に関連するシンポジウムおよび博物館講座の記録集である。第一部として平成一九年八月一二日に滋賀県立安土城考古博物館で開催した記念シンポジウム「城と城下町―彦根藩と膳所藩を中心に―」の記録、第二部として七月一五日と九月九日に同博物館で開催した博物館講座の記録を所収した。

●本書の作成にあたっては、シンポジウム・博物館講座に出講いただいた藤井譲治・谷口徹・古泉弘・滝川重徳の各氏（掲載順）のご協力を得た。

●掲載写真は、大津市歴史博物館・独立行政法人国立公文書館・滋賀県教育委員会・滋賀県埋蔵文化財センター・滋賀県立図書館・彦根市教育委員会・彦根市産業部観光課・彦根城博物館・横浜市中央図書館・栗東歴史民俗博物館・東京都教育委員会・㈶東京都スポーツ文化事業団東京都埋蔵文化財センター・新宿区教育委員会・石川県金沢城調査研究所・㈶石川県埋蔵文化財センターの各機関のご協力を得た。

●報告・講演で例示された写真・図・表については、出典・所蔵等を記して本文中に適宜挿入した。

●講演・報告・講座で引用された文献史料は、本文中に適宜挿入した。

●本書の編集は、財団法人滋賀県文化財保護協会、滋賀県立安土城考古博物館が共同してあたった。

第一部　シンポジウム　城と城下町

——彦根藩と膳所藩を中心に——

一　天下統一と彦根・膳所築城

京都大学教授　藤井譲治

ただいま紹介いただきました京都大学の藤井と申します。よろしくお願いいします。

本日は、「天下統一と彦根・膳所築城」というテーマでお話をさせていただきます。話の進め方は、まず、少し前提になることを話させていただき、つぎに膳所城、そのつぎに彦根城を取り上げ、最後に膳所城と彦根城の築城がこの時期に持っている意味、あるいは位置について考えてみたいと思っています。

昨年度のシンポジウムは「信長の城、秀吉の城」というテーマで開催されたと聞いております。今年度のシンポジウムのテーマは「城と城下町」ということでありますが、私自身、本日は、先ほど申しましたように、「天下統一と彦根・膳所築城」ということで話をさせていただきます。

「天下統一」と申しますと、織田信長・豊臣秀吉そして徳川家康という三人の天下人を思い浮か

べられることと思いますが、今日の話は、家康が天下を掌握した慶長五年、一六〇〇年の関ヶ原の戦い後のことについて話させていただこうと思っています。

近江は大国

まず、それぞれの城について話をする前に、織田あるいは豊臣の時代から江戸時代の初めの近江が持った位置と特徴について、最も主要と思われる点、二点を申し上げておこうと思います。

第一点は、近世の近江は、よくご承知の方もあろうかと思いますが、みなさんが思っておられる以上に大国であったということです。

近江一国の石高は、十六世紀末、豊臣秀吉が死去する直前には、七七万五三七九石でした。当時の日本全国の高が、おおよそ一八〇〇万石でありますから、近江の七七万五〇〇〇石は全国の四・三パーセントを占めるに過ぎません。しかし、日本六六か国の一国平均石高は単純に割れば二七万石であり、それと比較すれば近江の国高は三倍近くになります。また順位からすれば、一位は陸奥国で、一六七万二八〇六石と圧倒的に大きな高ですが、現在の県で申しますと、岩手・宮城・福島の三県と青森県の東半分からなる広大な地域であり、特殊な性格を持っています。この陸奥に続くのがなんと近江です。三番目は六六万七一二六石の武蔵、京都のある山城国は二二万五二六二石に過ぎません。こうしてみると、近江国がいかに大きく、生産力的に重要な国であったか、その一端が分かっていただけたかと思います。

もう一点、ぜひ注意しておきたいことは、流通あるいは運輸面での近江の持つ位置です。古代以来、近江が東北、あるいは北国に向かって交通の要衝であったことは、従来から指摘されておりますし、その点に何ら問題はありません。中世においても衰退したとはいえこのルートは生き続けていました。では、秀吉から家康の時代にかけての近江は、それ以前と比べてなにが違いどのような位置にあったのでしょうか。

近世に入りますと、秀吉によって大坂、あるいは京、伏見に政権の中心が形成されました。そしてそこには全国から武士たちが集まり、巨大な都市を形成しました。この巨大な都市を維持するために、大量の物資が、この畿内、特に京都に集まってまいります。こうした状況のもと、北国あるいは東北からの物資の流入口になったのが、この近江国です。なかでも琵琶湖の水運は、北国からの米をはじめとする物資を大津・京都へと運ぶ大動脈でした。琵琶湖は、古代・中世を通じて流通のルートとしての役割をもっていましたが、その量が爆発的に増大するのが近世、織豊期から江戸期にかけてです。生産力の面だけでなく、流通ののど元を押さえる位置に近江国はあったのだということを強調しておきたいと思います。まず、この二点を押さえた上で本題に入りたいと思います。

膳所城について

最初に、膳所城についてお話をします。膳所城についても、あるいはあとで話します彦根城についても、それがどのような意味を持っていたのかを考える前に、いくつか確認をしておく事柄があります。その点から話をはじめたいと思います。

明智光秀が築いた坂本城は、湖南、琵琶湖の南にあった城として有名でした。この城は、天正十年（一五八二）の山崎の合戦のあと、いったん廃城になりかかりますが、そのあとも秀吉がこの城を重視し使い続けます。しかし、天正十四年の末か十五年の初めに坂本城は廃城となり、大津に大規模な城郭が築かれます。その結果、湖南の流通の中心は坂本から大津へと移ります。また、この大津城は、関ヶ原の合戦のとき京極高次が立てこもり九月十五日の関ヶ原の合戦の直前まで西軍と戦火を交えた城であり、関ヶ原の戦い後、家康がしばらく滞在した城でもあります。

関ヶ原の後、大津城が廃城になって膳所に城が移るという流れは、全体としては問題ないと思いますが、ここで問題としたい一点目は、いつ戸田一西《かずあき》が大津城を拝領したのか。また大津城に入ったという説と、いや、入っていないという説がありますが、それをまず検討したいと思います。

二つ目に、いつ膳所城が築かれたのか、そして戸田一西はいつ膳所城に移ったのかということを考えてみたいと思います。これにもいくつも説があります。慶長五年、慶長六年、そして慶長七年説があります。

三つ目は、誰が膳所城をつくったのかということであります。近年、膳所城は公儀普請、天下普請でつくられたというふうに言われるのですが、私は少しそれは考え直したほうがよいのではないかと、いま思っているところです。

私の話は、一つ一つ根拠を示して事実を確定していくという手法で話を進めますので、少々ややこしいことを申すかもしれませんが、ご了解いただきたいと思います。

戸田一西は大津城を拝領したのかどうか

まずその一つ目、いつ戸田一西は大津城を拝領したのか、あるいは拝領しなかったのか。その説を紹介し、検討します。

戸田一西の大津城拝領説の根拠とされるものには、『徳川実紀』『寛永諸家系図伝』「戸田一西譜」『家忠日記』が主なものです。まず史料1として次にあげた『徳川実紀』についてみていきましょう。

史料1『徳川実紀』東照宮御実紀慶長八年七月二十五日条

近江国膳所の城主戸田左門一西今年六十二歳なりしが、居城の櫓にのぼり顛墜して頓死せりとぞ（重修譜は寛永系図にしたがひ、一西が死を慶長七年の事とす。しかるに某家譜は八年とす。当代記にも八年とあり。又家忠日記六年に膳所をたまはる事をしるし、膳所にある事三年にして終に死すとある文にも符合すれば、今家譜にしたがひ、重修譜の説はとらす）、（中略）慶長五年には山道の御供して、信濃の上田城責めに大納言殿（秀忠）御前において聞え上たる軍議を、後に御聞に達し御旨にかなひ、このとし（慶長五年）従五位下に叙し、近江国大津の城主となされ、二万五千石を加へられ三万石たまはり、そのとき蓮花王の茶壺を下さる。六年（寛永系図及び重修譜のみ七年とす。家忠日記以下諸記みな六年なり）大津の城は山口近くして要害の地にあらずとて、新に同国膳所崎に城をきづかしめて、一西これが主たらしめられしなりとぞ（当代記、寛政重修譜、藩翰譜）（家譜には一西到仕のよししるすといへども、諸書にその証なければとらず）

『徳川実紀』というのは、江戸幕府によって、徳川氏の正史として十九世紀の初めころに編さんされたものです。関ヶ原のころから言うと、二〇〇年以上後に編さんされたものですので、そこに記されている事柄をすべて事実としてそのまま採用していいかどうかは、多少問題があります。しかし、この史料は、膳所城を考える上で、もっとも基本史料ですし、これまでの自治体史をはじめさまざまなもので使われてきた史料です。『徳川実紀』のあとにある「東照宮御実紀」とは、『徳川実紀』の一部であり、東照宮すなわち家康の事跡を編纂し記録した部分です。

この記事は、前半と後半からなります。前半は戸田一西の大津城拝領説とは直接関係はありませんが、後の話でも使いますので、ここで少し解説しておきます。

まず、慶長八年七月二十五日に対応する記事が掲げられています。「近江国膳所の城主戸田左門一西今年六十二歳になりしが、居城の櫓にのぼり顛墜して頓死せりとぞ」の部分です。この部分には、この日に膳所城主の戸田一西が櫓から転落して頓死したことを記しています。続く括弧の部分に「重修譜は寛永系図にしたがひ、一西が死を慶長七年の事とす。しかるに某家譜は八年とす。当代記にも八年とあり。又家忠日記六年に膳所をたまはる事をしるし、膳所にある事三年にして終に死すとある文にも符合すれば、今家譜にしたがひ、重修譜の説はとらす」とありますが、ここに「重修譜」とあるのは『寛政重修諸家譜』という書物で、これも江戸幕府が寛政年間に大名・旗本の系譜を編さんしたものです。そのあとの「寛永系図」というのも、三代将軍家光のころ、寛永十八年（一六四一）、十九年という年に、幕府の手で編さんされた大名等の系譜です。史料2として『寛永諸家系図伝』の戸田一西の記事をあげておきます。

史料2　『寛永諸家系図伝』

一西《かつにし》

左門

大権現《（徳川家康）》・台徳院《（秀忠）》につかへたてまつる。

慶長六年、江州大津城・領地三万石をたまはる。

同七年、仰をかうふり同国膳所崎に城を築てこれを領す。大津の城は山近して要害の地にあらざるゆえなり。

同年七月二十五日、膳所崎にをひて死す。六十二歳。法名道心。

（一西については、読みを普通「かずあき」と呼び習わしていますが、『寛永諸家系図伝』では「かつにし」とルビをふっています。今日は通例にしたがって「かずあき」と読むことにいたします）

括弧内の記事は、戸田一西の死去した年について根拠を示して検討したもので、最初にある『寛政重修諸家譜』は『寛永諸家系図伝』にしたがって一西が死んだのを慶長七年のこととし、戸田家の家譜はそれを慶長八年のこととするが、信長・秀吉・家康の事跡やそのころ起きた事件を年代順に記録した『当代記』には八年とあり、また松平家忠の日記『家忠日記』に慶長六年に膳所を拝領し、膳所にあること三年にして死すとあることとも符号するので、ここでは家譜に従い、『寛政重修諸家譜』の説はしりぞけるとしています。『徳川実紀』が引く、「家譜」『当代記』『家忠日記』の記事を史料3・史料4として以下にあげておきましょう。

史料3 「戸田一西譜」一西

慶長六歳辛丑奉大神君(徳川家康)(命脱カ)而居江州大津城、食禄三万石、時拝賜蓮華王茶壺、大津山嶽相近面(而カ)非要害之地、翌年奉鈞命、改築城膳所崎、而後移居焉、慶長七年壬寅、称病致仕、譲家事於嫡子氏鉄、

(中略)慶長八歳癸卯七月廿五日、卒於江州膳所崎、六十二歳、法名上翰院法誉道心、

史料4 『家忠日記』追加十八　慶長六年六月条

此月　大神君諸国ノ主ニ命して、膳所カ崎ニ城ヲ築カシメ玉フ、奉公八人、是ヲ監ス、天下ヲ普ク治メ玉フノ後、城ヲ築シムルノ始ナリ 不日ニ城成ル、

戸田左門一西　台命ヲ蒙テ大津ノ城ヨリ膳所ノ城ニ移ル 一西膳所ニ在ル事三年ニシテ死ス

さて、大津城拝領にかかわる部分をみていくことにします。「慶長五年には山道の御供して、信濃の上田城責めに大納言殿(秀忠)御前において聞え上たる軍議を、後に御聞に達し御旨にかなひ、このとし(慶長五年)従五位下に叙し、近江国大津の城主となされ、二万五千石を加へられ三万石たまはり」とあります。内容は、慶長五年の関ヶ原の戦いにさいし、戸田一西は、東山道を西上

し信濃上田城攻めにあたった徳川秀忠に従いましたが、その時の軍議における一西の意見を戦後家康が聞き、それが家康の意にかなったため、一西は、従五位下に叙され、大津城主として三万石を与えられたということになろうかと思います。すなわち、戸田一西は、慶長五年に近江国大津の城を拝領したと『徳川実紀』はいっているのです。

続きまして、大津城を拝領したというものの、その年が慶長五年ではなく、六年だという史料がいくつかあります。史料2としてあげた『寛永諸家系図伝』には「大権現（徳川家康）・台徳院（秀忠）につかへたてまつる。慶長六年、江州大津城・領地三万石をたまはる。」とあるように、大津城拝領を慶長六年のこととしております。また、史料3としてあげた「戸田一西譜」にも「慶長六歳辛丑奉大神君而（命脱カ）居江州大津城、食禄三万石」とあり、『寛永諸家系図伝』同様、慶長六年大津城拝領説をとっています。

このほか、史料4にあげた『家忠日記』追加十八があります。この日記については、少々説明をしたほうがよいと思います。家康の家臣である松平家忠という人の自筆の日記が、天正期から文禄三年（一五九四）まで残されております。実は、ここで問題とする慶長六年分の日記は、現存しないのです。あったものが失われたのかとも考えられますが、実はそうではなく十七世紀の後半に別人によって「松平家忠」に仮託して編さんされたものが、『徳川実紀』などが引用する『家忠日記』なのです。最初の部分、「此月　大神君諸国ノ主ニ命シテ」と書かれていますように、大神君というのは、家康が死んでからの称号ですから、この書が同時代に書かれた日記ではないことは、すぐにわかっていただけると思います。

この点を踏まえたうえで記事をみますと、まず「慶長六年六月条　此月　大神君諸国ノ主ニ命シテ、膳所カ崎ニ城ヲ築カシメ玉フ」とあり、つづいて「戸田左門一西　台命ヲ蒙テ大津ノ城ヨリ膳所ノ城ニ移ル」とあるように、一西は大津城から膳所城に移ったことになり、そのことは一西が膳所へ移る以前に大津城主であったことを意味していることになろうかと思います。

大津城拝領説に対して、どちらかといえばそれに否定的な説を述べているのが、史料5です。この史料は、先ほどの史料1と同じ『徳川実紀』のものでありますが、記事を載せる「東照宮御実紀附録巻十一」は、家康のときどきのできごとを書いた先の記事とは異なり、「東照宮御実紀」の末尾におかれ、家康の逸話を書き記した部分です。

史料5『徳川実紀』東照宮御実紀附録巻十一

関原の役に中納言殿《(秀忠)》は木曽路をへて、九月十三日大津の宿に御着あり、其日は御不慮とて御対面なし、あくる十四日御快然のよしにて、中納言殿はじめ奉り供奉の者までみな謁見す（中略、戸田一西が家康より賞される記事あり）、明くる慶長六年江州膳所の城をあづけ給ひ三万石になされしなり、その時、本多正信をめして、このたび膳所の城新築ありしが、この所王城に近くして枢要の地なり、誰に守しめむと聞せたまへば、正信しばし思案して、戸田左門一西こそ武勇もすぐれ且天性誠実なれば、これに過たるはあらじと申せしにより一西に定まりしとぞ（天元実紀、明良洪範）

ここを読みますと、「関原の役に中納言《(秀忠)》殿は木曽路をへて、九月十三日大津の宿に御着あり」、これは関ヶ原の直後のことです。「其日は御不慮とて御対面なし」は、家康が関ヶ原の戦いに間に合わなかった秀忠をせめて対面しなかったことをいいます。少し省略して「あくる慶長六年江州膳所の城をあづけ給ひ三万石になされしなり、その時、本多正信をめして、このたび膳所の城新築ありしが、この所王城に近くして枢要の地なり、誰に守らしめむと聞せたまへば、正信しばし思案して、戸田左門一西こそ武勇もすぐれ且天性誠実なれば、これに過たるはあらじと申せしにより一西に定まりしとぞ」とある部分は、一西が積極的に大津城を拝領しなかったといっているわけではありませんが、膳所の城郭を家康がまず築いた、そしてそこへ誰を入れるかということになって、一西が抜擢されたとしています。

また近世を通じて大津の船荷をめぐる特権を掌握した大津百艘という船仲間の記録である「大津百艘船由来」に「慶長五庚子大津之御城膳所崎江御引移り、御奉行は戸田左門へ被仰付事」とあるように慶長五年に大津から膳所へ城が引き移され、その奉行を戸田一西に命じられたとするのみで、一西が大津城主となったことは記されていません。

以上、これまで根拠とされてきた史料を検討してきましたが、残念ながらことの起こったときに記された一次史料はありません。しかし、これまでみてきた全体の展開からすれば、戸田一西が慶長五年の末か、慶長六年のごく始めに、いったん大津城を拝領したと考えてよかろうと思います。まず一つ目の問題はこのように押さえておきます。

膳所城築城時期と戸田一西入城時期

二つ目の課題であります。いつ膳所城が築かれたのか、また戸田一西は膳所城にいつ移ったのかという問題を考えてみます。

膳所城が築かれた時期と言っても、それほど大きく異なる訳ではありませんが、慶長五年説、慶長六年説、慶長七年説があります。慶長五年説は、先ほどの「大津百艘船由来」がそれにあたりますが、特に他の徴証を得られないことから、それほど説得性のある説だといえません。

つぎに慶長六年説を飛ばし、慶長七年説を検討します。先にあげた史料2と史料3をみてください。これは戸田氏側の史料です。

史料2に「同七年（慶長七年）、仰をかうふり同国膳所崎に城を築てこれを領す。大津の城は山近して要害の地にあらざるゆえなり」とあります。史料3についてもほぼ同様のことが書かれておりますので省略をしますが、膳所城築城を慶長七年だとこの史料は主張しております。しかし、いずれも後年の二次史料であるという限界があります。

次に慶長六年説については、わりと多く史料があります。史料1の『徳川実紀』に「六年大津の城は山口近くして要害の地にあらずとて、新に同国膳所崎に城をきづかしめて、一西これが主たらしめられしなりとぞ」と記されているように、築城の時期を慶長六年としています。また、史料4の『家忠日記』も、先ほど読みましたように、慶長六年六月に膳所崎に城を築いたと記されています。

次の史料6『当代記』は、先にも触れましたが、おおよそ信長、秀吉、家康の時代の記録で、事が起こった順番、編年順に、天下人の動向を中心に事件を記録したもので、比較的良質の史料だと言われているものです。

史料6『当代記』慶長六年

去二月、城々有定、井伊兵部少輔直政江州佐和山、本多中務大輔勢州桑名、松平下野守内府公三男長吉尾州清洲、奥平美作守信昌濃州加納、石川長門守同大柿、本多豊後守三州岡崎、松平玄蕃同吉田、松平内膳遠州浜松、同三郎四郎同懸川（中略）江州大津を勢多江移し、戸田左門可被置と也、

この『当代記』の「去二月、城々有定」の記事は、慶長六年二月に城の定めがあったことを記し、ついでその対象として「井伊兵部少輔直政江州佐和山、本多中務大輔勢州桑名……」と対象となった大名と城地を書き上げたあと、最後に「江州大津を勢多江移し、戸田左門可被置と也」とあります。ここには「勢多」とあって「膳所」ではありませんが、江州大津の城を勢多に移して、そこに戸田を入れることになったといっています。「勢多」については、同じ『当代記』の慶長六年六月の記事に「前々（膳所）崎普請、大津之家門并石共被移彼地」とあり、膳所崎の普請が開始され、そして大津城にあった家や門が石とともにその地に移されたことを記しています。おそらく先の「勢多」は「膳所」の誤記だと思います。

これらの史料から大津城が廃城になり膳所城が建設し始められるのは、慶長六年六月ごろのこ

とだと考えて、まずよかろうと私は思っています。

十七世紀の後半、大津は一次京都町奉行の支配下に入りますが、そのころ成立した『京都御役所向大概覚書』という史料に、大津の概要を記した次のような記事がみえます。

史料7 『京都御役所向大概覚書』

大津町家人数・寺社数・橋馬数之事

正徳四午年改め

一町数百町　内 船頭町 桶屋町 無役

右大津町、慶長五庚子年京極宰相在城之刻、関ケ原御一戦の前大坂勢大津へ責め寄せ合戦の節、城主より大津町焼き払い候ニ付、其後焼失之民困窮に及び候旨上聞に達し、慶長七壬寅年十月八日、地子御免許。

この記事の最後のところに、慶長七年十月八日に大津のまちの地子免許が家康によってなされたことが記されています。ここから推測すれば、大津から膳所へと移るのは、慶長六・七年のことといえると思います。

先ほどの史料1で戸田一西が櫓から転落して死んだという話については、『当代記』に「七月廿五日、膳所カ崎城主左門、櫓ヨリ落死ス」と出ていますので、慶長八年の七月ごろには、天守があったかどうかわかりませんが、それに類する櫓が完成し、城の体裁が一応整っていたといえるのではないでしょうか。

膳所城は公儀普請だったのか

最後に膳所城についてもう一つの問題。誰によってこの城が築かれたのかという点です。近年の見解は最初に申しましたように、公儀普請、天下普請だということになっています。しかし、史料2及び史料3には、「仰せをかうふり同国膳所崎に城を築てこれを領す」とあるように、家康の命で戸田一西が城をつくった。自分でつくったというニュアンスで書かれています。

それに対して、史料1、あるいは史料4や史料5では、要は家康が城をつくって、そしてそれを戸田に与えたとしています。そのなかでもっとも記事の多いのが、史料4です。

これをもう一度読みますと「此月　大神君諸国ノ主ニ命シテ」、これは諸国の大名に命じてという意味です。次いで「膳所カ崎に城ヲ築カシメ玉フ」とあり、この膳所カ崎築城が公儀普請であることを述べています。さらに「奉行八人、是ヲ監ス」は、まだ幕府は成り立っていませんが、家康のほうから普請奉行八人が派遣されて、これを監督したことを注記しています。

それにコメントがついています。そこには「天下ヲ普ク治メ玉フノ後、城ヲ築シムルノ始ナリ」と書かれています。要するに、家康が天下を掌握して以降、初めて築いた城がこれだということを言っている訳です。

しかし、「諸国の主に命じて」とありますが、関ヶ原の戦いの翌年の慶長六年六月の段階で、大名を動員した公儀普請が可能であったかといえば、とてもそうした状況にはなかったといえます。慶長五年十月には関ヶ原で東軍に属した大名たちへの論功行賞がなされますが、広島の毛利氏が長門と周防に移ることが最終的に決まるのは十一月、西軍にくみした薩摩の島津氏の帰趨はなお決まらず、土佐を拝領した山内一豊は土佐に入れないでいる状況です。こうした状況を踏まえたとき、「諸国の主」＝大名たちを動員して城普請を行うことはできがたかったと思われます。

次に述べる彦根城の場合は、公儀普請であることは明確ですが、この場合には、関係するさまざまな史料があります。動員された大名の史料もあって、そのことが確証できるのですが、おそらく史料4の『家忠日記』追加は、のちの編さんの過程で、このように公儀普請だというふうにしたのだろうと思います。ただ、家康から何の援助もなく、この膳所城の築城を戸田が独力でやったかというと、そんなことはないと思います。家康の大きな援助、直接的には大津城の建物や門、あるいは石垣を崩して持って行くというようなことは、家康の許可なくしてできるわけではありませんし、様々なかたちでの家康の援助はあったはずです。しかし、基本は一西によって膳所城はつくられたと考えたほうがよいかと思います。

なぜ膳所の地が選ばれたのかという、これはまた一つの大きな問題ですが、先ほどの史料にもいくつかありますが、その評価はひとまず置きます。時間がなくなってきましたので、彦根についての話に入りたいと思います。

彦根城の普請はいつからか

彦根城については一点だけ検討しようと思います。あとで谷口さんの話で出てくると思いますが、彦根では佐和山から彦根に城が移されます。では、彦根城の普請というのはいつ始まったのか、これがここで取り上げる問題です。

彦根城の天守は、大津城の天守だったとよく言われます。事実そのことは確認されており、大津城と先ほどの膳所城の築城との関係で言えば、慶長六年にはおそらく大津城の天守は壊されたと思われます。

天守が彦根に移るということの意味も興味深いのですが、ここでは彦根城の普請がいつ始まるかということについて、二つの説を紹介し、検討したいと思います。

一つは慶長八年説であり、もう一つは慶長九年説です。初代の彦根藩主になった井伊直政は、慶長七年二月に彦根で死去しました。跡を継いだのは、嫡男の井伊直継（直勝）です。彦根城の普請がはじまるのは、いずれにしてもこの直継になってからのことです。

彦根城の普請開始を慶長八年とする説は、一番ポピュラーな説です。一九六〇年に刊行された旧版の『彦根市史』も慶長八年説を採っておりますし、吉川弘文館から出ている『国史大事典』も、慶長八年説を採っています。

その根拠は、史料8として次に上げた井伊家の家譜です。

史料8「井伊彦根家譜」

同(慶長)九年ノ春、仰ニ依テ、彦根ノ城築カレテ移ル云々

補、彦根城築造ノ始末ヲ云ンカ為メ、要ヲ摘ムノミ、抑彦根城ハ、直勝命ヲ受テ築ク事、本文ノ如シ、命アリテ工役ヲ助ケラレ、奉行三名来テ石壁ヲ築ク、猶且伊賀・伊勢・尾張・美濃・飛騨・若狭・越前等或ハ参河アリテ飛騨ナシ、七国ノ大名ニ命シ、役夫ヲ出シテ助ケシメラル、慶長八年癸卯七月秀忠公、書ヲ賜テ労セラル、

彦根山普請之様子、聞届度候而、差上小沢瀬兵衛候、炎天之時分、苦労共候、弥可入精候段、肝要候也

七月十五日　御直判(徳川秀忠)

井伊右近大夫殿

是歳、鐘郭成テ、慶長九年甲辰春移ル、慶長十一年丙午天守櫓成ル、タヽ一郭ノミ、直孝ノ時、更ニ役ヲ起シ、元和八年壬戌ニ至テ全ク成ル、

まず、「(慶長)九年ノ春、仰ニ依テ、彦根ノ城築カレテ移ル云々」とあるように、家譜にはいつ普請が始まったとは記さず、慶長九年春に彦根城に移ったとしています。その後に続く説明文には「彦根城築造ノ始末ヲ云ンカ為メ、要ヲ摘ムノミ、抑彦根城ハ、直勝――これは先ほど申しました直継のことですが――命ヲ受テ築ク事、本文ノ如シ、命アリテ工役ヲ助ケラレ、奉行三名来テ石壁ヲ築ク、猶且伊賀・伊勢・尾張・美濃・飛騨・若狭・越前等或ハ参河アリテ飛騨ナシ、七国ノ大名ニ

命シ、役夫ヲ出シテ助ケシメラル、慶長八年七月秀忠公、書ヲ賜テ労セラル」とあって、その次に秀忠から井伊直勝にあてた御内書が載せられています。この御内書については、あとで検討しますので、ひとまず置いておきます。

すなわち、『井伊家譜』のこの記事がもっとも主要な根拠となって、慶長八年に普請が始まり、慶長九年の春には直継（直勝）が彦根城に移り、また普請は公儀普請であったといわれてきました。

慶長八年説を支持する史料はほかにもあります。当時三河の吉田にいた松平氏の「家譜」には「慶長八年、彦根城ヲ築クトキ、忠利役夫ヲ出シテ之ヲ助ク」とあり、また『寛政重修諸家譜』の当時伊勢松阪の城主であった古田重勝の記事にも「慶長八年、近江佐和山城普請の事をうけたまはり」とあり、周辺の史料からもこの説は補強されます。

ここまで周辺も固まれば、彦根築城開始を慶長八年としてよいのではないかと思われるのですが、実はどうもそれではまずい点があります。

慶長九年説の検討

結論はひとまず置き、慶長九年説を検討していこうと思います。慶長期の『当代記』とよく似た性格の史料で一次史料ではありませんがほぼ同時代にできた『慶長見聞録案紙』の慶長九年七月一日のところに、「江州佐和山城ヲ、同州彦根江被移、御普請被仰付」と出てきます。また

『当代記』の慶長九年七月一日のところに「七月朔日ヨリ佐和山城ヲ彦山へ被移、有普請」とみえます。この二つの記事は、明らかに慶長九年七月から彦根城の普請が始まったということを言っているわけです。

それをさらに補強する関連史料として、直政の重臣である木俣守勝の「木俣土佐紀年自記」を史料9としてあげました。

史料9「木俣土佐紀年自記」

慶長六年辛丑秋、直政江州磯山新城を築んと欲す（中略）

慶長七年壬寅二月朔日、直政逝去（中略）

同八年癸卯、木俣守勝又家康の伏見にいたり、言上して曰、（中略）即沢山、磯山、金亀山等の絵図を以言上、上意を受奉りぬ、山ノ絵図の表、一々御尤思召の間、応に金亀山に城を築き（中略）

同九年甲申、再ひ新城の絵図を奉り、願済普請をなし、城郭絵図、上意に契、則諸大名に令せしめ、人数を出し

この史料には、まず、慶長六年の秋、直政が彦根の近くの江州磯山に城を築くことを欲したこと、すなわち直政の段階で佐和山城を廃して、別に城をつくる意向のあったことが書かれています。ところが慶長七年の二月一日に、直政が死んでしまったため、翌八年、木俣守勝が家康のいる伏見に行って、佐和山か磯山か金亀山《こんきやま》（これは彦根山のことですが）などの絵図を持って言上し、家康の意向を聞いたところ、金亀山に城を築くことになったとしています。そして慶長九年

ふたたび新城の絵図をもって家康の許可を得たこと、普請には大名衆から人数が出されたことが記されています。すなわち、「木俣土佐紀年自記」によるかぎり普請の開始は、慶長八年ではなく、はやくとも慶長九年以降であることになります。

これら三つの史料はわりと信頼性の高い史料ですが、何度も申しますように、まったくの一次史料ではありません。そこでもう少し詰めるために、現在刊行中の『彦根市史』をつくるにあたって、いろいろ検討した折に利用した史料を少し紹介したいと思います。

史料10は、先にあげた徳川秀忠御内書の原本です。図1としてその写真をあげておきました。この文書は、現在、彦根城博物館の『井伊家文書』のなかに残されているものです。

史料10「井伊家文書」

彦根山普請之様子聞届度候而、差上小沢瀬兵衛(重忠)候、炎天之時分苦労共候、弥可入精候段肝要候也、

七月十五日 (徳川秀忠)(花押)

井伊右近(直継)大夫殿

この御内書の内容は、彦根山の普請の様子を聞き届けたく、小沢瀬兵衛という人物を差し遣わした、炎天の時分であり苦労なことであろうがいよいよ精を入れることが肝要である、というものです。この御内書に据えられた花押は、秀忠のものです。

この御内書が、『井伊年譜』『井伊家譜』の言うように、慶長八年のものであるか、あるいは私がこれから主張しようとする慶長九年のものであるかは、文中に「彦根山普請之様子」とあるよ

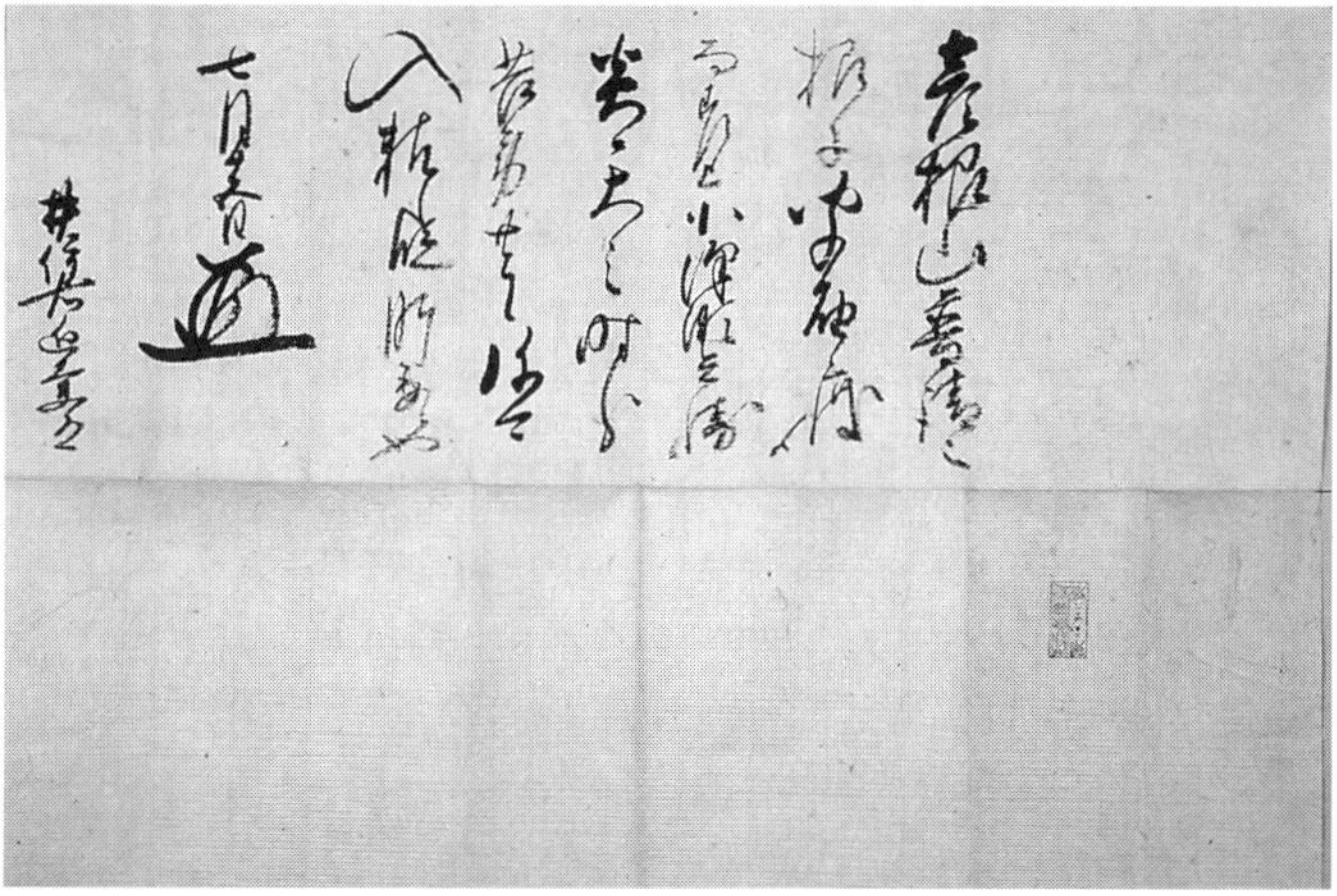

図1　徳川秀忠御内書（彦根城博物館蔵）

うに、彦根山の普請開始時期を確定するうえで決め手となります。

まず、文章中にある小沢瀬兵衛という人物に注目してみます。『寛政重修諸家譜』の小沢忠重の項をみますと、忠重が当時、瀬兵衛を通称としていたことが確認でき、さらにその記事に「慶長五年関原御陣に従ひ、九年井伊直勝が所領近江国彦根山に城を築きしとき、七月十五日御使を奉はりて、かの地におもむく。」とあります。すなわち、ここには小沢瀬兵衛忠重が慶長九年七月十五日に彦根の地への使者を勤めたことが記されています。この記事を信頼する限り、この御内書は慶長九年のものとなります。

さらに念を押すため、もう一つ史料をあげたいと思います。史料11の史料です。

史料11「鈴木文書」東大影写本

尚々其元御普請之様子、石州入念被申上候、両人入精被申候由、御諚ニ候、いよ〳〵事無由断やうに尤ニ候、以上、

追而和田殿万事入念候由被申上候へハ、是も尤之由御諚ニ候、此由御心得頼入申候、以上、

急度申入候、仍其元御城普請貴所達入精被仰付候故、御普請手相候由、石州（大久保長安）今度被申上候、右近（井伊直継）ハ若候処ニ、其方達肝煎ゆへ、早々御普請出来候由、一段御褒美候、御両人煩之様子も被申上候、就其土佐（木俣守勝）方へ御薬被下候、委者石州可被申入候、恐々謹言、

本（本多）佐渡守

正信

十月晦日

鈴石州（鈴木重好）様

木土州（木俣守勝）様

人々御中

宛名の「鈴石州」は、鈴木石見重好のことで、井伊直政の重臣の一人です。「木土州」は先に触れた木俣土佐守勝のことです。鈴木重好は、この時期には木俣よりも上の地位にある家老で、のちに直継が上野国安中に転封したおり、側近として付いていった家老の一人です。

詳しい検討は置きますが、この書状は、この時期に家康の年寄衆の一人であった本多正信から鈴木重好と木俣守勝に宛てられたものです。その最初の「尚々」の部分は、私たちがいま追って書きとして書く文章ですので、読む場合にはあとから読みます。ですから、一段高くなっている

「急度申入候」が書きだしです。つづいて「よって其元御城普請貴所達入精被仰付候故、御普請手相候由、石州（大久保長安）今度被申上候、右近（井伊直継）八若候処ニ、其方達肝煎ゆへ、早々御普請出来候由」とあり、また尚々書きに「尚々其元御普請之様子、石州入念被申上候、両人入精被申候由、御諚ニ候」とあります。ここに「石州」とあるのは、家康のもとで代官頭として大活躍した大久保長安のことで、官途が石見守であったことから「石州」と呼ばれていました。

　この書状からわかることは、まず大久保石見が家康に彦根城の普請の様子を報告したという事実です。その日は、書状の日付から十月晦日のことであることがわかります。では、その時、家康はどこにいたのでしょうか。

　表1を見ていただきたいと思います。慶長八年、家康は十月十八日に伏見を発ち十一月三日に江戸に着いています。この書状が慶長八年のものとすれば、十月晦日は江戸に着く直前ということになります。慶長九年のものとすれば、閏八月十四日に伏見を発ち、おそらくその月の終わりか、翌月の初めには江戸に戻っているはずです。そしてこの年はずっと江戸にいて、翌年の正月にまた伏見へ出てきますので、慶長九年の十月晦日には江

表1　家康と大久保長安の居所

慶長8年	家康	10月18日伏見発　11月3日江戸着
	長安	10月28日美濃在、11月3日松代、11月8日善光寺、その後江戸
慶長9年	家康	閏8月14日伏見発、9月末までに江戸着
	長安	9月25日石見在「頓而江戸へ可参候間」　12月13日江戸在

戸にいたと考えてよいかと思います。

それに対して、大久保長安は慶長八年は十月二十八日に美濃に、十一月三日には信州松代に、そして十一月八日には信濃善光寺にいることが、これまでの研究で明らかになっています。そうしますと、慶長八年十月晦日に長安が、彦根城普請の様子を家康に口頭で報告するということは不可能です。それに対して、慶長九年についてみますと、長安は九月二十五日段階では石見の国、石見銀山にいます。世界遺産になったあの銀山です。その開発にあたったのがこの長安です。そしてこの九月二十五日に石見から送った書状のなかで「頓而江戸へ可参候間」、すなわちしばらくしたら江戸に行くつもりだと言っているのです。これまでの研究によれば、十二月十三日には長安が江戸にいたことは確定されています。こうしてみますと、長安は十月晦日には江戸にいた可能性は充分にあると言ってよいと思います。長安は、この当時、すごいスピードで日本国中を走り回っていますが、そうした点と家康の居所とを勘案すれば、本多正信の書状は、慶長九年のものであるということになります。

このように年代を確定すると、彦根城の普請が慶長九年になされていて、十月の終わりごろには、もうかなりできあがってきていたことが分かります。もちろん現在の彦根城全体がこの段階ですべてできたというのではありません。おそらく、中核部分の本丸周辺部分のみができあがったというふうに考えていただく必要があろうかと思いますが。

このようにみていくと一次史料から、彦根城の普請は慶長九年に始まったということが確定します。

膳所・彦根城の築城の位置づけ

もうあまり時間がありませんので、最後の「膳所・彦根城の築城の位置づけ」について話させていただき、話を閉じさせていただこうと思います。

なぜこの時期に大津城を廃して膳所城がつくられ、あるいは佐和山城を廃して彦根城がつくられたのかを、考えてみたいと思います。関ヶ原の戦いは慶長五年九月のことですが、それ以後の近江の様子を少し拾ってみました（表2参照）。先ほども申しましたように、慶長五年末に井伊直政が佐和山一八万石を拝領し、そしてほぼ同じころと思われますが、戸田一西が大津三万

表2　関ヶ原の戦い後の近江

年　月	事　柄
慶長5年末	井伊直政、佐和山18万石拝領、このころ戸田一西、大津3万石拝領。
慶長6年1月	東海道の宿駅に伝馬定を出し、宿駅を整備する。
2月	大津廃城決定。この頃、豊臣系大名が西国へ去った後の東海道筋に譜代大名が相次いで配置される。
3月	家康、大坂城から伏見城に移る。
5月	家康、観音寺朝賢に従来どおり船奉行を命じ、琵琶湖岸諸浦の船改めを実施する。
6月	膳所城普請始まる。
7月	大久保長安、旧例に従い大津百艘船に関する掟を出す。
慶長7年6月	東海道の宿駅における荷物取り扱いの詳細を定める。
9月	近江一国の検地が行なわれる（関ヶ原直後の一国総検は近江のみ）。
9月	近江で旗本に知行を与える。
10月	大津町の地子を免許する。
慶長9年7月	彦根城普請（公儀普請）始まる。
8月	家康、諸国に国絵図・郷帳の指出を命じる。
慶長11年4月	駿府城主内藤信成、近江長浜城主となる。公儀普請で長浜城築城。
8月	家康、伏見城から駿府城へ移り、伏見城には定番を置く。
慶長13年12月	譜代大名松平康重が丹波八上から丹波篠山へ転封。
慶長14年8月	譜代大名岡部長盛が下総山崎より丹波亀山に転封。
慶長14年	公儀普請で丹波篠山城と亀山城とを公儀普請で築城。

石を家康から拝領しています。そして、慶長六年一月には、家康が東海道の宿駅に伝馬定を出し、江戸と京都のあいだの宿駅の整備をいたします。そしておそらく二月ごろに大津城を廃城とし、膳所に城を築くことを決めたと思われます。

このころ、東海道周辺に所領を持っていた豊臣系の大名大名たちが、新たな所領として得た西国の国々に去っていきます。そしてそのあとに、徳川譜代の大名たちが相次いで配置されます。

六年三月、家康は大坂城から伏見城に移ります。これは関ヶ原のあと、家康はいったん大坂城西の丸に入り、三月までそこに居座っており、論功行賞にともなう主要な「国分」は大坂城で行いました。そして三月、大坂から伏見に移って、そこを当分の拠点の城とします。

そして、五月には芦浦観音寺の朝賢に琵琶湖を支配する船奉行を命じ、すぐさま琵琶湖全体の船数改めを朝賢に実施させます。これは、琵琶湖の水運を掌握することを目的としたものといえます。六月、先ほど確定しました膳所城の普請がこのときに始まります。そして七月、先ほど触れました大久保長安が旧例にしたがって大津百艘船の特権を認めます。

そして翌慶長七年六月。家康は東海道の宿駅における荷物の取り扱いの詳細を定めます。九月には近江一国の検地を実施しました。この近江一国の検地というのは、関ヶ原の戦いのあと、全国でおこなわれた最初の一国総検です。しかも、この検地の性格づけは難しいものですが、家康の家臣が奉行となって全体の八割方を検地します。しかし、残る二割は片桐且元・小出播磨といった大坂の秀頼付きの重臣が検地奉行を務めています。ここから、この段階はなお徳川氏が完全に天下を押さえたという状況にはなかったことが窺えます。

そしてこの直後に、家康は旗本層にこの地域で知行を与えます。これもなかなか意味深長でありますが、一面では家康がこの地域を掌握することを宣言したことにもなろうかと思います。十月、先述した大津町の地子免除を行います。そして慶長九年七月には、彦根城の普請を始めます。八月には、家康は全国の大名に命じて、国絵図とその高を書き入れた帳面の作成を命じ、それを提出させます。ここまでが、一つの段階といってよいと思います。

次の段階として、家康は、慶長十一年四月、駿府城主であった内藤信成を近江の長浜城に入れます。これは四万石。しかもこの長浜城も公儀普請で築城されます。家康は、その空いた駿府城に伏見から移ります。伏見城には定番が置かれることになります。慶長十三年から十四年にかけて、相次いで、譜代大名の松平康重を丹波八上から丹波篠山へ、岡部長盛を下総山崎から丹波亀山に移します。そして十四年には、篠山と亀山に大名を動員した公儀普請で石高には不相応な大規模の城郭を構えます。この一連の動きは、秀頼のいる大坂をにらんでの展開ということになろうかと思います。

いま、年表に沿って話をしてまいりましたが、それを踏まえて、なぜ関ヶ原の直後に大津城を廃城にし膳所に城を移したかということについて、私の考えを少しお話ししたいと思います。

関ヶ原の戦い直後に、家康が近江、あるいはそれを含んだ地域に施したさまざまな政策がめざしたものは、どうも畿内での家康の拠点があった伏見と、本来の本拠である江戸とのあいだをいかに密接に結びつけ掌握するかという点にあったと思います。

東海道筋にいた豊臣家大名を西国に移すというのもそうですし、その地域に譜代大名を置くということもそうでありますが、膳所を押さえることも、そのなかでは極めて重要な意味を持っていました。大津の城は、ある意味では西からも東からも容易に入ることのできる所であり、決して軍事的な要衝ではありませんでした。商業的には重要な地域ではありますが、軍事的に優位な地域ではなかったようです。

図2の膳所城絵図をご覧いただきたいと思うのですが、濃く塗られているところが琵琶湖です。そして、これまたあとで中村さんが詳しくお話になると思うのですが、湖に飛び出しているのが本丸です。のちにその隣にあるところは、一つになりますが、ここが膳所城です。そしてそこから少し左側に縦に黒く塗られているのが堀です。そのすぐ左側にまっすぐ堀と平行して走っているのが東海道です。これを大津のほうからみますと、東海道は、左端から右端のほうにきて、いったんそこで堀で囲まれた小さな島を通って、そしてかぎ型に二度曲がった上で膳所城下に入ってくる。そして膳所城下をまっすぐ進み、右に曲がって、今度は勢多のほうに出ていくところでも、先ほどの大津口と同じく、一気にまっすぐに出られる構造にはなっていません。

膳所の城下町はこのように構造上からも、東海道をきちんと押さえるという重要な役割を担っているのです。おそらく膳所城が湖水に向かって突き出しているのも、これは坂本城、あるいは大津城と同じように湖水をにらんでの配置だったというのは言うまでもないかと思います。

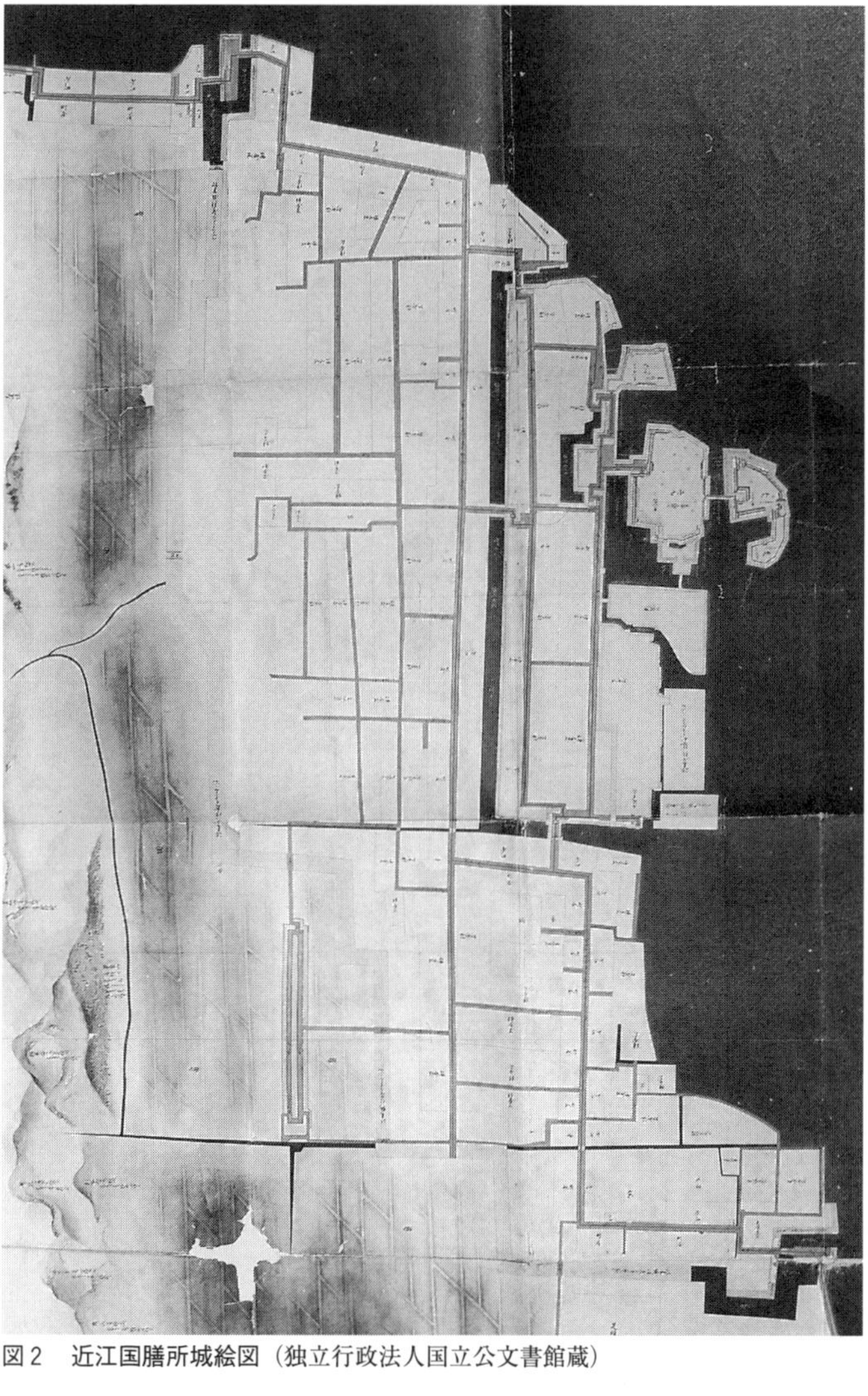

図２　近江国膳所城絵図（独立行政法人国立公文書館蔵）

家康にとって膳所というのは、江戸と伏見のルートをしっかり押さえるために、極めて重要な位置を担っていたと言ってよかろうと思います。

一方、彦根、佐和山に井伊直政を入れたのは、東山道を押さえる点にあったことは言うまでもありませんが、それ以上に北国の前田への備えということが最大の理由になるかと思います。しかし、ではなぜ佐和山から彦根に城を移すことに同意したのかという点になりますと、もう少し考えてみる必要があろうかと思います。佐和山から彦根へと移った理由は、直政が早くから磯山に移りたいという意向を示していたと言われるように、かつての石田氏の支配の象徴であった佐和山城を廃し、新たな支配の拠点、それの象徴として城を築こうとしたことに求められると思います。もちろん一般的に言われるように、高い山の上の山城から平地の平城へと下りてくることが、近世の城郭の一つの流れですし、また、湖水をにらんでの城郭配置であったということも充分に考えておく必要があろうかと思います。しかし、注意すべき点としては、旧城主、領主であった石田氏の支配から新しい領主である井伊氏の支配への変化を象徴的に示すという意味がそこには込められていたと思います。

最後に図3として示しました大坂城包囲網について簡単に申しておきます。先ほど申しましたように、私は慶長五年から十年くらい、家康が伏見にいる限りは家康の政策の基本は江戸と京、伏見を結ぶ線をいかに確保するかという点にあったと思います。しかし伏見から駿府に移ってからは、いかに大坂を攻めるかという課題が大きく浮上してきます。それを念頭において、家康は、

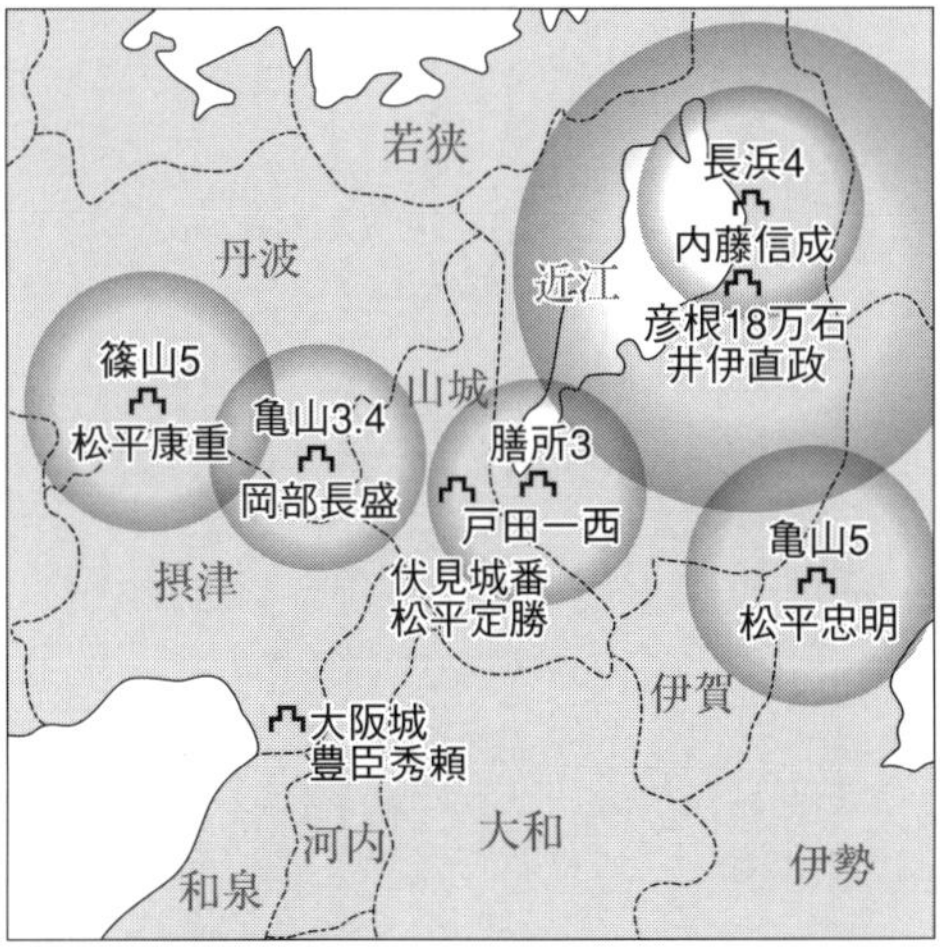

図3　大坂城包囲網

内藤を駿府から長浜に移し、篠山、亀山にそれぞれ新たに譜代大名を入れ、しかもそれらの城を公儀普請で築かせています。このように、慶長十一年の始めころから、大坂包囲網を作り上げるようになったのではないかと考えています。

二　彦根城と城下町の調査

彦根市教育委員会　谷口　徹

みなさん、こんにちは。ただいまご紹介いただきました彦根市教育委員会の谷口と申します。よろしくお願いいたします。

最初のほうでもお話がありましたけれども、彦根はちょうど築城四〇〇年祭を開催中です。先ほどの藤井先生のお話で、いつから四〇〇年だろうと疑問に思われたのではないかと思いますが、今年が二〇〇七年ですので、そこから四〇〇年前と言いますと、一六〇七年ということになります。築城工事は始まっていたんじゃないかと思われた方も多いかと思いますが、今回の彦根城築城四〇〇年祭というのは、天守が完成したであろう年から四〇〇年ということであります。おかげさまで、たくさんのみなさま方にお越しいただいておりまして、特にマスコットキャラクターの「ひこにゃん」が大人気で、みなさんを彦根に引っ張ってきてくれているように思っています。

彦根藩三〇万石（三五万石）

さて、今日はあまり時間がありませんので、全体を細かくご説明しているわけにはまいりません。参考資料の「佐和山城から彦根城へ」は読物風にしておりますので、後でお読みいただければと思います。

見出しに彦根藩三〇万石（三五万石）と書いておりますが、みなさんは、三〇万石・三五万石のどちらがほんとうだろうと思われていることでしょう。彦根では「三五万石」というお菓子も出ておりますけれども、与えられた領地は三〇万石です。図1をご覧いただきますと、彦根城の内堀から内側の第一郭の絵図がございますが、それの真ん中のやや左に「米蔵」と書いてあります。実はここに幕府から預かった米、それを領地に換算しますと五万石相当になりますが、その米を米蔵に備蓄しておりました。幕府からの預かり米ですね。預かり米ではございますが、飢饉など天下の大事がない場合には、基本的には彦根藩がいただいておりました。それを加えると三五万石ということで、所領としてはあくまで三〇万石でした。

築城に関係するところは、先ほど藤井先生がずいぶん詳しくご説明いただきましたので簡単に済ませたいと思いますが、私のレジメに築城の開始を慶長九年七月一日と書いておりますが、その点は先生と矛盾はないと思います。

それから、彦根城の築城の期間ですが、慶長九年（一六〇四）から始まりまして元和八年（一

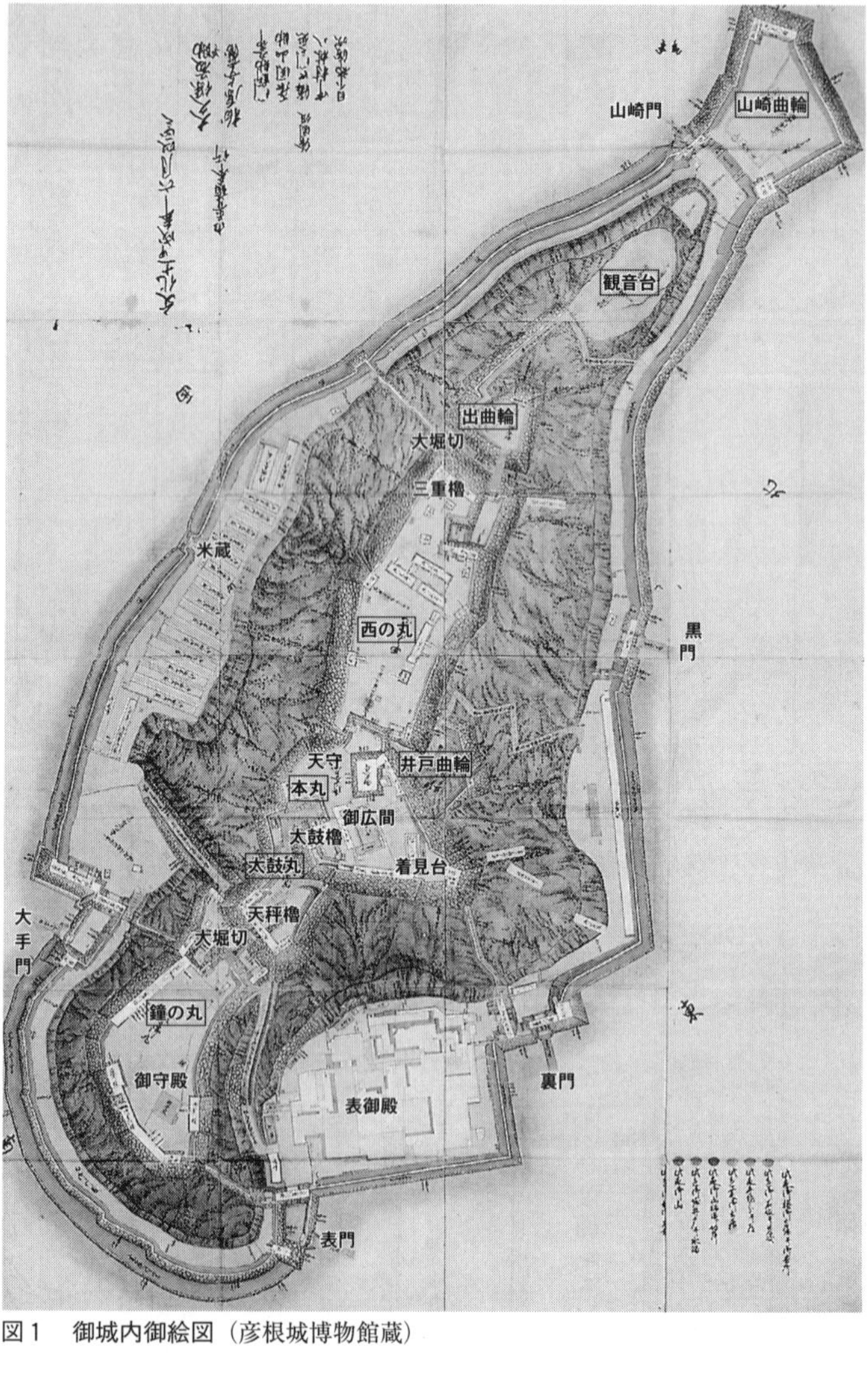

図１　御城内御絵図（彦根城博物館蔵）

六二二）ころまでと考えております。この間、ずっと築城工事をしていたわけではございませんが、約二〇年という長い歳月を費やしました。お城づくりというのは、表1にありますように、まず「縄張り」をいたします。彦根山全山をどういうふうにお城として造っていくかということですね。

　これは非常に大事なことでして、みなさんよくご存じだと思いますが、天守に至る前に、表側の大手から参りますと、天秤櫓がございます。それから、裏手から参りますと西の丸三重櫓がございますが、どちらから参りましても、その手前は大きな堀切《ほりぎり》になっていて行く手を阻んでおります。つまり、大手から攻められても、裏手から攻められても、その大きな堀切を越えないと天守に行けなくなっているわけです。こういう非常に攻めにくい方

表1　彦根城の築城（慶長9年：1604〜元和8年：1622）

慶長期（Ⅰ期工事） 幕府普請（天下普請）	大坂に豊臣勢力の存在	桑名（本多）とともに「西国のおさえ」の拠点
	幕府から6人の奉行、近隣から多くの大名や旗本が助役	
	普請に必要な材木や石材を周辺の古寺・旧城より集める	軍事施設の統廃合を意図
	天守	大津城？
	西の丸三重櫓	小谷城天守×
	天秤櫓	長浜城大手門？
	太鼓丸櫓	彦根寺楼門×　佐和山城門？
	その他、石垣の多くを佐和山城より	
元和期（Ⅱ期工事） 彦根藩による単独普請	縄張の変更	城の正面を大手門（巡礼街道に接続）から表門（中山道に接続）へ
	城下町の形成	三重の堀（内堀・中堀・外堀）と芹川（善利川）
	第1郭	本丸ほか
	第2郭	重臣の武家屋敷
	第3郭	武士と町人
	第4郭	町人と足軽などの組屋敷（外町）

法を考える、これが縄張りでございます。

縄張りの次は「普請《ふしん》」です。普請は現在で言うところの土木工事です。そして最後に行うのが「作事《さくじ》」、つまり建築工事です。作事では天守や各種の櫓などを造営する工事になりますけれども、縄張り、普請、そして作事という流れで、お城をつくっていくことになります。

これが全体として約二〇年かかったということなんですが、その前半期を「慶長期の工事」と呼んでおります。先ほど藤井先生がおっしゃっていた公儀普請、つまり天下普請ということになります。幕府の指導の下に彦根城は造られたわけでございます。これが前半期です。

後半期を元和期の工事と言っていますが、ちょうどこの慶長期と元和期の工事の間に大坂の陣がありました。いわゆる豊臣の勢力が一掃された戦《いくさ》です。慶長期の工事と元和期の工事では世の中の体制が大きく変わりました。その意味では、慶長期の工事というのは、いまだ残存している豊臣勢力に対する軍事的な緊張感のなかで築城が急がれたわけです。ですから、慶長期の工事では、幕府から六人の奉行が指導にやってまいりましたし、近隣の大名たちが助役《すけやく》と申しますが、お手伝いにやってきています。

当時の井伊家の記録である『井伊年譜《いいねんぷ》』などを見ますと、天守の石垣は尾州の石工が築いたとか、天秤櫓周辺の石垣は越前衆が築いたなどという記録が出てまいります。そういうかたちで、いろんなところの応援を得ながら急いで造ったということでございます。

また石垣に限らず建物についても、早く造るにはどうしたらいいか。山から木を切ってきて、乾燥させて、そして製材をしてということになりますとたいへんな時間がかかりますので、先ほど藤井先生がおっしゃったように、大津城の天守を彦根城の天守に移築するというようなことも考えられたわけであります。表1に、天守のところに「大津城?」とクエスチョンマークを付けておりますのは、おそらく間違いないだろうけれども、断定には至っていないということです。

天秤櫓の「長浜城大手門?」も同様です。また、西の丸三重櫓は「小谷城天守×」と×印をしておりますが、こちらの場合は可能性が極めて低い。あるいは城郭発達史からみて難しい。つまり限りなく否定的であるものを×印にいたしております。ただ、小谷城ではない他の城から移築してきた可能性はあります。太鼓門櫓では「彦根寺楼門×」と「佐和山城門?」となっていますが、こちらは彦根城築城以前に彦根山にあった彦根寺の楼門の可能性は低いが、佐和山城の城門を移築した可能性が高いという意味です。いずれにしましても、いろんなところから天守や櫓などの建物を移築して使っていることがお分かりいただけるのではないでしょうか。

同じように石垣についても、すぐ隣の佐和山城や近くの城などから持ってきて、それを転用して築いているわけです。建物や石垣の多くを、今日風に言えばリサイクルして用いているのが慶長期の工事の大きな特徴と言えるでしょう。

一方、元和期の工事については、彦根藩で単独でやりました。おそらく慶長期は、彦根城の中心部分、つまり第一郭である内堀から内側の天守や櫓などの工事に力が注がれたと思いますが、元和期では、城下町の建設が主な工事になったのだろうと思います。

もちろん、城下町でも本町筋は城下の主要な町筋であり、こちらの町割りについては、早くから工事に着手しております。本町筋は、現在「夢京橋キャッスルロード」と称している界隈ですが、佐和山城下の本町筋から強制的に人や建物などを移してきて、彦根城の城下の本町筋としたものです。このように城下町でも主要な部分については比較的早い段階、おそらく天守などの工事と前後する時期に工事に着手しておりますが、全体として城下町が整ってきますのは元和期ということになります。

図2の「彦根城下町割図」をご覧いただきましょう。城下町の建設により彦根城下は三重の堀が巡らされましたが、内堀より内側が、先ほど説明しました第一郭です。次いで第二郭が内堀と中堀のあいだ、第三郭が中堀と外堀のあいだ、第四郭が外堀の外側です。現在、中堀から内側は江戸時代の面影が良好に残っていることから、国の特別史跡になっております。また外堀につきましては、昭和になってマラリア対策のため埋められ、昭和新道に変わっております。

第一郭は彦根藩の公的機能が集中していた部分です。第二郭は、石高で言いますと千石以上の重臣たちの屋敷地が広がっていました。第三郭になりますと、武士たちとともに町人や商人たちの屋敷地が存在するようになります。ただし、それは混在するという在り方ではなくて、お堀に沿った屋敷地は当然重要な場所ですから、すべて武士の屋敷となり、お堀とお堀のあいだが町人、あるいは商人の屋敷地になっています。しかも、さらに詳しく見ていきますと、職人町、あるいは魚屋町・桶屋町というように、職業集団ごとに「分化配置」と言いますか、分けて住まわせる。

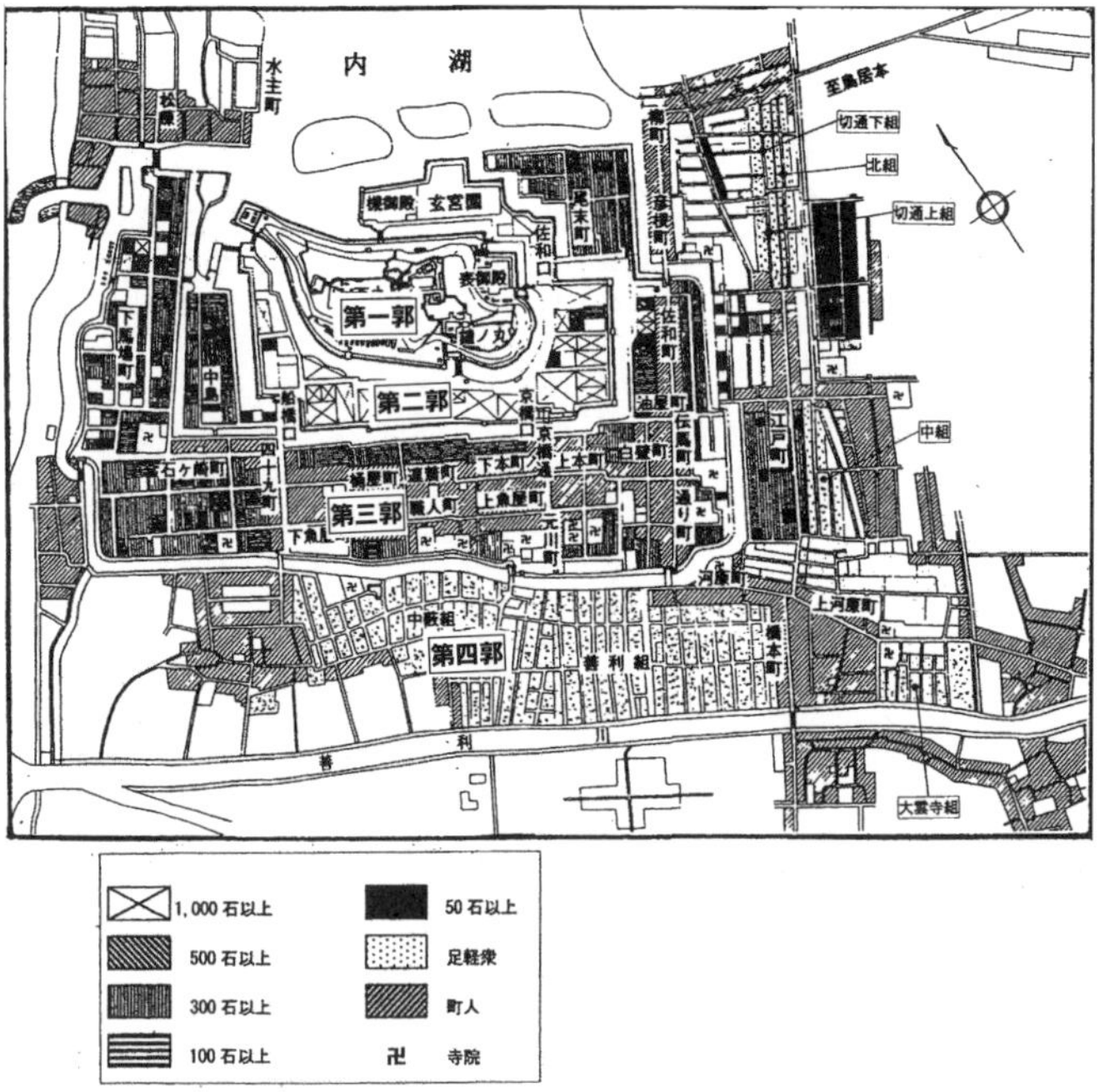

図２　彦根城下町割図

そういった配慮もなされていたようでございます。

　それから第四郭は外堀の外側。彦根では外町《とまち》と称している城下町の一番外側があります。町割図をご覧いただくと、この第四郭に足軽の屋敷が集中しています。彦根の城下町は、城下町を取り囲むように外周部に足軽が屋敷を構えていたのです。当時の戦は集団戦でしたが、その主力は足軽なんですね。戦のない平和な時代になりましても、城下町の一番外側は足軽衆が住んで、居住形態として城下町を守る。そういう機能を足軽屋敷は持っていることがお分かりいただけるかと思います。

話が前後いたしますが、実はこういった城下町を建設する前、彦根の城下は湿地の多い場所でした。それは、図2の町割図で申しますと、芹川（善利川）の流れが、もともと上河原町あたりから北に流れて松原内湖に注いでいたことが原因で、城下町となる一帯は水はけが悪く、多くの湿地帯を形成していたのです。したがって城下町ができる前は、町並みらしい町並みもなく、小さな村落が二つ三つあるという、そんな状況で、あとは湿地が広がっていたようです。そこで、まず排水を良くしようということで、琵琶湖に直結する現在の芹川の流れを造ったわけです。現在の芹川は築城の際に造られた人工河川なのです。城下町の建設は、その前段として、このように大土木工事を伴うものでした。築城に約二十年の歳月を要した理由の一端がお分かりいただけると思います。そして、いよいよ城下町の建設が開始されました。彦根の城下町は、四百年前の都市計画によって新たに生まれた城郭都市だったのです。

表御殿《おもてごてん》の建物構成

さて、彦根城とその城下町では、いろんな所で発掘調査を実施しておりますが、ここでは表御殿について詳しくご紹介することにしましょう。表御殿は、現在、彦根城博物館として復元されておりますが、その全域を復元に先立って発掘調査いたしました。二〇数年前の発掘調査で、江戸時代の発掘調査としては先鞭をなすものでした。その成果についてご紹介したいと思います。

写真1　彦根城遠景（彦根城博物館提供）

写真1をご覧下さい。彦根城を空から撮った写真ですが、彦根山の山頂にあるのが天守です。そのやや左下にある建物が天秤櫓で、彦根城を見学されるみなさんは、山麓の左手にある表門から天秤櫓を越えて天守へ向かうルートで登られていると思いますが、写真中央の山麓にあるのがこれからお話をいたします表御殿です。彦根藩の藩庁の役割を担った建物ですが、彦根城博物館として復元し皆さんにご覧いただいています。

口絵Ⅴは江戸時代に描かれた「表御殿絵図」ですが、絵図を見てまず気がつかれるのが、建物部分が水色と茶色に色分けされているということです。こうした御殿建築は、一般に表向《おもてむ》きと奥向《おくむ》きで構成されますが、水色部分が表向き、そして茶色の部分が奥向きということになります。表向きは彦根藩の政務を執り行うところ、奥向きは藩主が日常生活を送る空間です。

絵図をもう少し細かく見ていくことにしましょう。絵図の左下が玄関になります。その右奥に御広間と御書院という書院造りの格式の高い大きな建物が連なっています。この二つの書院で、家臣との対面などの儀式や公的な来客の接待が行われました。江戸時代は儀礼を重んじた時代です。元旦の挨拶に始まるさまざまな儀式や、公務でやってきた来客の接待が、この二つの大きな書院を用いて執り行われました。

これら二棟の建物の前に独立した棟を構えるのが能舞台です。この能舞台は寛政一二年（一八〇〇）に建立されたもので、二つの書院から見るように建てられています。

能舞台の奥に、表御座之間棟《おもてござのま》、笹之間棟、そして台所棟があります。表御座之間棟は藩主が表向きの日常政務を行う所。笹之間棟は、彦根藩の重臣ら諸役人が詰めて藩政を執り行う彦根藩の中枢部でした。また、台所棟は表向きの藩主や役人に食事を提供するところでした。

一方、奥向きは、藩主の居間としての御殿向棟《ごてんむき》、奥向きの庶務を管理する役人や御殿女中の詰所あるいは奥向き台所などのある御広敷棟《おんひろしき》、そして御殿女中の居間や寝所のある長局棟《ながつぼね》の三つからなり、全体として藩主のくつろぎ空間となっていました。御殿向棟には庭園が築かれ、茶室なども設けられており、藩主はここでくつろいだひと時を過ごしたことでしょう。

写真２　表御殿跡発掘調査遺構（彦根市教育委員会提供）

写真2が表御殿の発掘調査の全容を空から撮影したものです。手前左に二つの大きな書院の痕跡が認められます。その上方に白っぽく見えますのが能舞台の遺構です。漆喰《しっくい》で枡を造っておりましたので、漆喰がはっきり見えています。手前右にあるのが奥向きの庭園の池の跡です。全体として表御殿の痕跡が明瞭に残っていましたので、これらを根拠に表御殿を復元して彦根城博物館としました。

能舞台の発掘調査

写真3が現在の能舞台の姿と、能舞台の地下遺構です。能舞台の遺構は先ほど申しましたように、能舞台の床下を漆喰製の枡としています。漆喰は、現在のセメントに似た素材で、山土・砂利・消石灰を混合し、

写真３　能舞台と能舞台床下の漆喰枡
（上：彦根城博物館提供　下：彦根市教育委員会提供）

そこへニガリ液などを加えて作ります。この手の漆喰は水を加えて練ると固まる、いわゆる水硬性セメントとして古くから用いられました。漆喰枡を造るにあたり、まず、広めの掘り方が掘られました。そして、背となる部分に板を垂直に当て、漆喰が打たれたようです。現代のコンクリート工法にたいへんよく似ていますね。打たれた漆喰を詳細に観察すると、三度に分けて打たれたことが判明しました。まず外側下部で一度、次いでその上部に、最後に内側と上端に薄く塗るように打って念入りに叩きます。そのことにより荒い粒子の成分はしだいに沈着し、細かい粒子のものや水分が浮上してきます。その頃合いを見計らって、コテで丁寧になで上げると、まるで白壁のように平滑な仕上がりとなるわけです。漆喰のことを「三和土《たたき》」とも言うのは、こうした叩く作業に起因するのかもしれません。このような漆喰枡が、能舞台の舞台と後座《あとざ》の床下、そして左奥へ向かう橋掛《はしがか》りの床下の二ヶ所で見つかりました。枡の深さは一メートル近くありました。

では、なぜ能舞台の床下にこうした漆喰枡を造ったのでしょう。能や狂言を見ていますと、演者が床を「トン」と蹴る動作があります。この動作は、演技の重要な動作の一つだそうですが、その「トン」という音を共鳴箱の原理で良く響かせようということのようです。

かつて大工仲間には「宮大工は軒に泣き、能舞台の大工は床に泣く」と言う言葉があったようです。「泣く」は苦労するということ。宮大工は神社の軒先の微妙なカーブに苦労し、能舞台の大工は床下に苦労するということでしょうか。確かに、能舞台の床下は、幅六メートル、奥行約九メートルの間、束《つか》が一つも立ちません。すべて掘り窪められて漆喰枡となっているのです。この広い空間は、床の板の厚さに依存していることになります。しかし、板の厚さが厚すぎると音響効果を得にくくなる。まさしく「泣く」ことになります。

現在各地に残っている能舞台を見ておりますと、実は全体を掘り窪めた例はほとんどなくて、大半は甕を埋けています。床を「トン」と蹴る位置は決まっていますので、そちらに向けて甕を埋ければ、同様の音響効果を得ることができるわけです。

ただ、江戸時代の公式の能舞台、それは江戸城の本丸御殿にあった能舞台を各大名が写す形で広がったと考えられていますが、どうもそれらの能舞台は、表御殿の能舞台と同様に漆喰枡で造られていたのではないかと考えています。近年、大名家の能舞台の発掘調査成果が幾つか報告されるようになりましたが、例えば加賀藩江戸上屋敷などでも漆喰枡が検出されています。今後の類例の増加が楽しみです。

写真4　樋駒と木樋（彦根市教育委員会蔵）

上下水施設

次に江戸時代の水道の話をしたいと思います。江戸時代の水道の技術というのは、あまり知る機会がないわけですけれども、滋賀県では彦根、近江八幡、長浜など、水道の技術が発達した地域の一つであり、道路工事などによって、ときどき水道の遺構が出てきます。

写真4は道路工事で出土した江戸時代の水道管です。手前が木製の水道管で木樋《もくひ》と言います。写真では途中で切って短くしていますが、本来はもっと長いものでした。木樋は、丸太の四面をカットして角柱を作ります。さらに上から三分の一ほどのところを断ち割り、中を刳り貫きます。刳り貫いた部分が

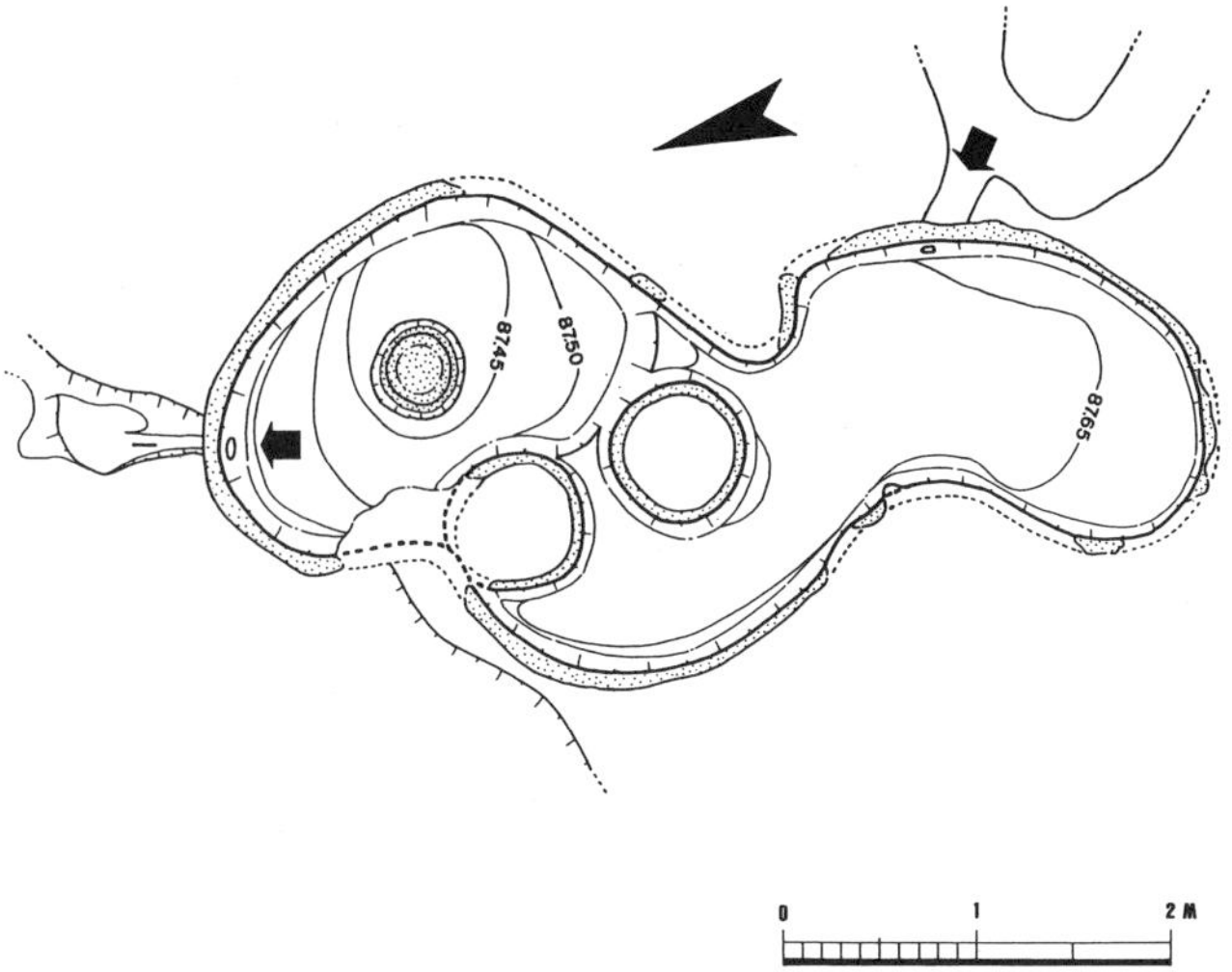

図3　漆喰池平面図（矢印は竹樋の入排水口を示す）

導水部となるわけです。そして再び合わせますが、合わせますときに、合わせ口から水が漏れないように樹皮をあてがっていますね。最後に要所を釘で固定してできあがり。写真4の奥のほうにあるのが木樋のジョイント部分で、樋駒《ひごま》というものです。樋駒で水道の方向や角度を調整しました。こうした木樋のほか、瓦でできた瓦樋《かわらひ》、漆喰でできた石樋《いしひ》などが、彦根城下を縦横に走り、武家屋敷や表御殿などに給水しておりました。そのようすを記録した「樋筋絵図《ひすじえず》」も残っています。

　表御殿にもたらされた水道は、庭園や坪《つぼ》庭《にわ》に給水されていました。庭園については後ほど詳しくご説明します。坪庭は、建物と建物の間にできた空間に設けられた庭のことです。その坪庭で、図3のような漆喰製の小さな池が出土しました。この漆喰池は瓢箪形をしていて、中央付近に中島が二つ設けられ、もっとも深い箇所には甕が一つ埋めこまれています。金魚などの観賞用小魚の寝床だったのでしょう。そして、漆喰の側面をよく見ると小さな円孔が二つ。両者で一〇センチメートルほどの高低がつけられており、それぞれ竹管を挿入して、矢印のように入水口と排水口であったと考えられます。竹管は竹樋《たけひ》という水道管です。表御殿の坪庭では同様の漆喰池が四つ検出されています。表御殿にもたらされた水道は、径を細めた竹樋と木製の樋駒で分水しながら、四つの漆喰池にもたらされていたようです。発掘調査では、木樋に粘土を巻いて漏水を防ぐ工夫のあったことも分かっています。

このように池に入れる水は水道の技術を使っていたわけですが、一方、飲料水は水道水を使わずに、井戸を使用しておりました。表御殿の調査では一〇基の井戸を確認しています。もっともポピュラーなのが、丸く石を積み上げた円形石積み井戸ですが、それ以外にも石をドーナツのように円形に刳り貫いたものを重ねて井戸としたものや、円筒形の漆喰製井戸、そして桶を何段にも積み重ねたタイプの井戸などが出土しています。中でも珍しいのが石を円形に刳り貫いた井戸でしょう。石は凝灰岩系の石で、石を鏨《たがね》で削り込んだ痕跡がよく残っていました。石の直径一メートル、高さ五〇センチメートル、厚さは六センチメートルほどのもので、それを六段重ねていました。その下に桶、さらに最下部を石積みとしており、深さは四・四メートルありました。

次に表御殿の下水システムについてご紹介しましょう。表御殿では、主要な建物の外周に石組みの雨落ち溝が巡っていました。表向きの書院などは整然とした規模の大きなもので、幅は約五〇センチメートルあり、側石も数段積んで深さが三〇センチメートル以上ありました。底は扁平な石を敷いたものが普通ですが、中には石の目地に粘土を充填したものや、粘土に玉砂を加えて叩き締めたものもありました。これらの雨落ち溝は、井戸の洗い場などとも合流して、やがて地中を走る暗渠《あんきょ》に連接します。

暗渠は、底石を貼り、側石を立てて蓋石を乗せたもので、幹線系の大きなものは内幅で五〇センチメートルを越え、今でも暗渠として機能しているものもありました。表御殿の地下にはこのような幹線系・支線系の大小の暗渠が縦横に走っていたようです。とくに幹線系の暗渠については、表御殿の建設当初から計画的に敷設され、その後の建物の増改築に伴って、支線系の暗渠が追加され、幹線系に連接していったのではないかと思います。

暗渠が折れ曲がる箇所には、しばしば石組みの貯水槽が設けられています。貯水槽は、排水といっしょに暗渠内を流れる汚泥を沈殿させて、浄水のみ再び流すための施設と考えられます。それは、暗渠内の泥詰まりを防ぐのに大きな効果があったでしょう。こうして暗渠内を延々と流れた排水は、最後に内堀に注がれます。その開口部は表御殿全体で三ヶ所ありました。そして、その直前でひときわ大きな貯水槽に貯められます。確認できた御広間の内堀側の貯水槽は、幅二メートル、長さ実に一九・六メートル、深さ一・二メートルの細長い石組み貯水槽でした。これまでの貯水槽と同じように汚泥を沈殿させるとともに、防火用水の役割も担っていたのではないかと考えています。そして浄水のみ内堀へ。現代と同じような、いやそれ以上のお堀浄化システムと言って良いのではないでしょうか。

庭園

最後に、奥向きの御座之御間《ござのおんま》の前に広がる庭園について、ご紹介しましょう。表御殿は政務を主とする上屋敷ですから、下屋敷の玄宮園のような広大な庭園ではありません。むしろ比較的小さな空間に、庭園のさまざまな要素を盛り込んだ、ちょっと過剰気味の庭園と言うことができ、それが上屋敷の庭園の特徴と言えるかもしれません。

この庭園は奥向きの御座之御間から見ることを主眼に造られています。池の手前に「天光室《てんこうしつ》」という茶室、池のむこうに「不待庵《ふたいあん》」と言う名の茶室と「鶯谷《うぐいすだに》」という待合《まちあい》がありました。御座之御間から見て左端に木樋で導水されてきた水道施設があり、それは一度高枡《たかます》で水位を揚げて滝口から落としていたようです。滝口から落ちた水は、谷川のせせらぎを表現した遣水《やりみず》の遺構によって曲折を繰り返しながら左から右へと流れ下り池に入ります。池の護岸は、石組みや乱杭《らんぐい》となっていますが、石組みの多くは池に倒れ込むような形で出土いたしました。たいへん残り具合が良かったわけで、石組みを再び起こしてやるだけで庭園が復元できたといっても過言ではありませんでした。また、正確な「庭園絵図」も残っていましたので、それに基づいて橋や雪見灯籠、植栽なども復元しています。池の右端にある池尻を出た排水は、やはり一度貯水槽に貯められ、

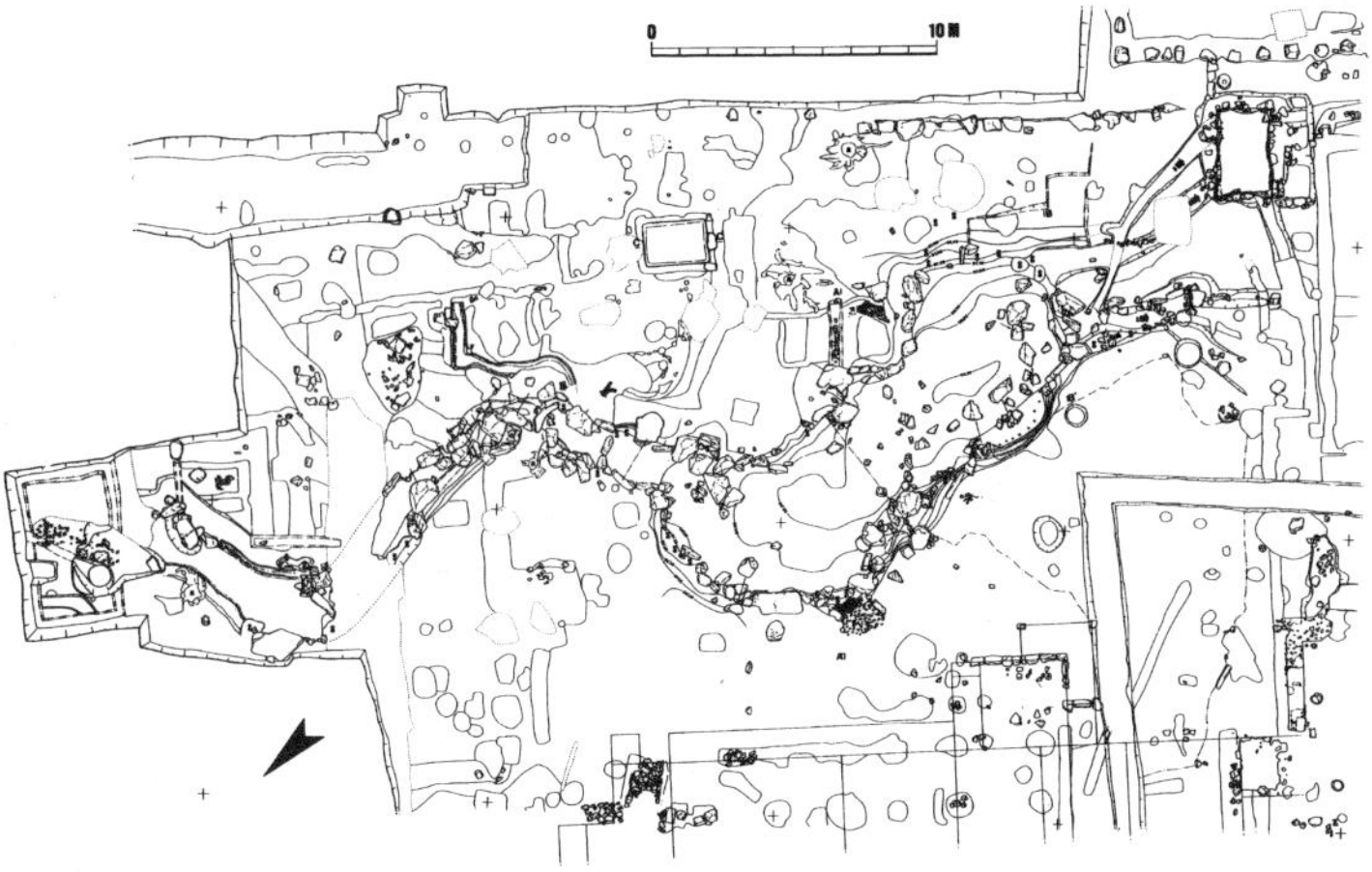

図４　奥向き庭園遺構全図

浄水のみがオーバーフローして内堀に注がれていました。

以上、簡単ですが表御殿の発掘調査の成果を中心にご紹介をさせていただきました。時間が限られていましたので、要所だけの紹介になってしまいました。これで表御殿を十分ご理解いただけたとはとても思えませんが、そのあたりは後ほどのシンポジウムで補いたいと思います。どうもご清聴ありがとうございました。

参考

佐和山城から彦根城へ

佐和山城の歴史

佐和山城の歴史は古い。鎌倉時代初期、近江源氏・佐々木定綱の六男時綱が、佐和山の麓に館を構えたのが始まりと伝えます。その後、佐々木氏は湖南の六角氏と湖北の京極氏に分かれて対立。佐和山城は両勢力の境目の城として攻防が繰り返されました。戦国時代に入ると、湖北では京極氏に代わって浅井氏が覇権を確立し、湖南の六角氏との間で佐和山城争奪戦が展開されることになります。

信長・秀吉の時代にも、佐和山城は近江の要衝を守る城として重視されました。信長は佐和山城に重臣の丹羽長秀を配し、安土城築城までの間、佐和山城が安土城の機能を維持しました。秀吉の代も、堀秀政、堀尾吉晴そして五奉行筆頭の石田三成の入城と、佐和山城に重きを置く姿勢は変わりませんでした。この間、佐和山城はしだいに整備され、三成の時代には山上に本丸以下、二の丸・三の丸・太鼓丸・法華丸などが連なり、山下は東山道に面して大手門が開き、二重に巡らされた堀の内には侍屋敷・足軽屋敷・町屋などの城下町がすでに形成されていました。

佐和山落城

関ヶ原の合戦より遅れること二日、小早川秀秋ら関ヶ原の寝返り組を主力とする一五〇〇〇の兵が佐和山城を包囲しました。三成は関ヶ原で敗れて湖北に逃走中であり、このとき佐和山城には三成の父正継を主将に兄の正澄ら二八〇〇余人が布陣していたといいます。佐和山の守備は固く、執拗な攻撃によく耐えたようですが、兵力の違いはいかんともし難く、およそ一日で佐和山城は落城しました。

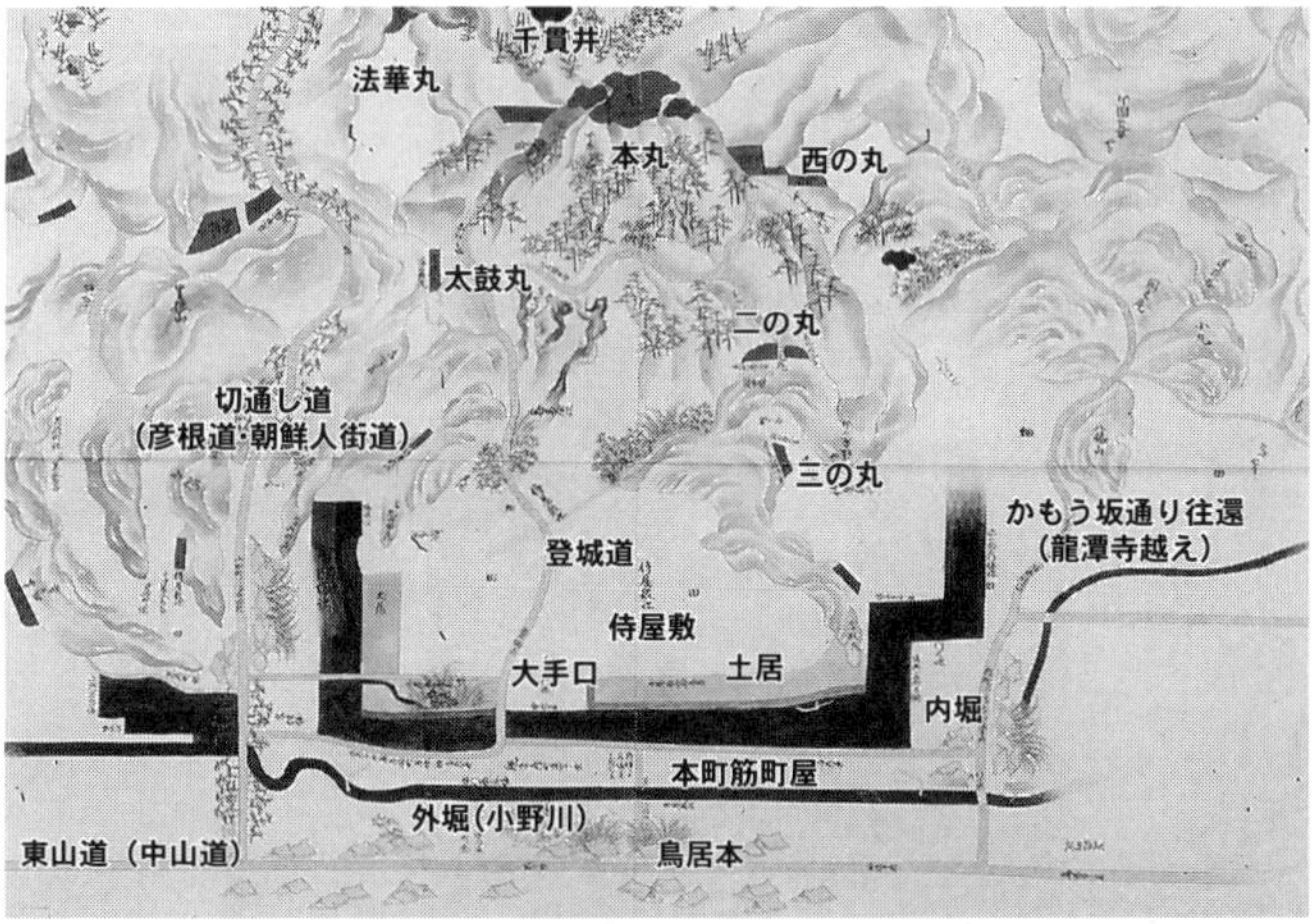

図５　江戸時代に描かれた佐和山城絵図（部分）（彦根城博物館蔵）
現在も大手の土居《どい》や内堀、そして登城道などが良く残っています。

佐和山城から彦根城へ

関ヶ原合戦後論功行賞により、三成の居城であった佐和山城が与えられたのは、彦根の初代藩主となる井伊直政です。慶長六年（一六〇一）の正月、直政は上野国高崎城（群馬県高崎市）より佐和山に入りました。ところが直政は、関ヶ原合戦で受けた鉄砲傷が悪化して翌年死去します。直政より後事を託された家老木俣守勝は、城の移築計画を徳川家康に計ります。佐和山・彦根山・磯山（米原市）の三山を候補に彦根山へ移築を決定しました。佐和山は中世以来の山城であり、敵将であった石田三成の居城でもありました。戦国時代をへて、戦の形態が山城を拠点としたものから、平地での足軽を主体とする集団戦に様変わりしたこと、城とともにその周囲に広大な城下町が発展したことなどが考慮され、近世的な平山城である彦根山が選定

写真5　本丸下の千貫井
千貫にも値する貴重な井戸でした。

されたのでしょう。
慶長九年（一六〇四）七月一日、佐和山城の西方約二キロの彦根山において、新たな築城工事が始まりました。その際、佐和山城は破城を受け、石垣や建物の多くが彦根城へと運ばれました。こうして佐和山城は草木の生い茂るままに歴史の中に置き去られ、わずかに「佐和山城跡」の看板が往時を物語るばかりです。佐和山城の痕跡は全く残っていないのでしょうか。

写真６　本丸下に残る石垣
石垣の多くが彦根城の築城に利用されたため、現在はほとんど確認することができません。

彦根市教育委員会では、平成十六年度から長期計画に基づいて彦根城の礎となった佐和山城跡の本格的な調査に取り組んでいますが、近年はこの城跡に対する関心の高まりから、研究者や城の愛好家によってもさまざまな調査が行われています。こうした調査によって、佐和山城にゆかりの資料や遺構が次々と確認されています。今後も佐和山城跡の解明に努めていきたいと考えています。

三　膳所城下町を掘る

財団法人滋賀県文化財保護協会
中村智孝

こんにちは。滋賀県文化財保護協会の中村と申します。私からは、平成十四年におこないました滋賀県立膳所高等学校の校舎等改築工事に伴う発掘調査の成果についてお話をしていきたいと思います。

話の内容としては、最初に膳所城について残されている絵図などを用いてお話して、そのあとに発掘調査の成果を図面や写真を用いて説明させていただきたいと思っています。

膳所城と城下町の概要

まず、膳所城と城下町の概要についてです。「伊勢参宮名所圖會」（図1）にも描かれているように、膳所城は琵琶湖に張り出す水城として築かれたお城です。先ほど藤井先生のお話にもあったように、一六〇一年に大津城を廃し、関ヶ原の合戦後いち早くこの城が築かれています。

築城にあたっては、いくつか候補地があったわけですが、商業地として栄え交通の要所である大津に隣接することなどの理由から膳所の地が選ばれています。最初の藩主は大津城にいた戸田《とだ》一西《かずあき》で、その後、二〇代、十九名の藩主が生まれています。藩主は、いずれも三河国の出身で、譜代の家臣である戸田家、本多家、菅沼家、石川家の人たちがなっていますが、京都の近郊という地域的な重要性から、徳川家から厚い信頼を受けた人たちが選ばれていたといえます。そのなかでも最も多いのが本多家で、三代、四代、八代以降、廃藩までの一三代にわたって藩主となっています。残される膳所城の瓦には、本多家の家紋である立葵《たちあおい》紋の付く瓦（口絵Ⅲ）が見られます。

一方、城下町については、城の西側で、茶臼山などの山並みとのあいだに、東海道を軸として南北に長く形成されました。

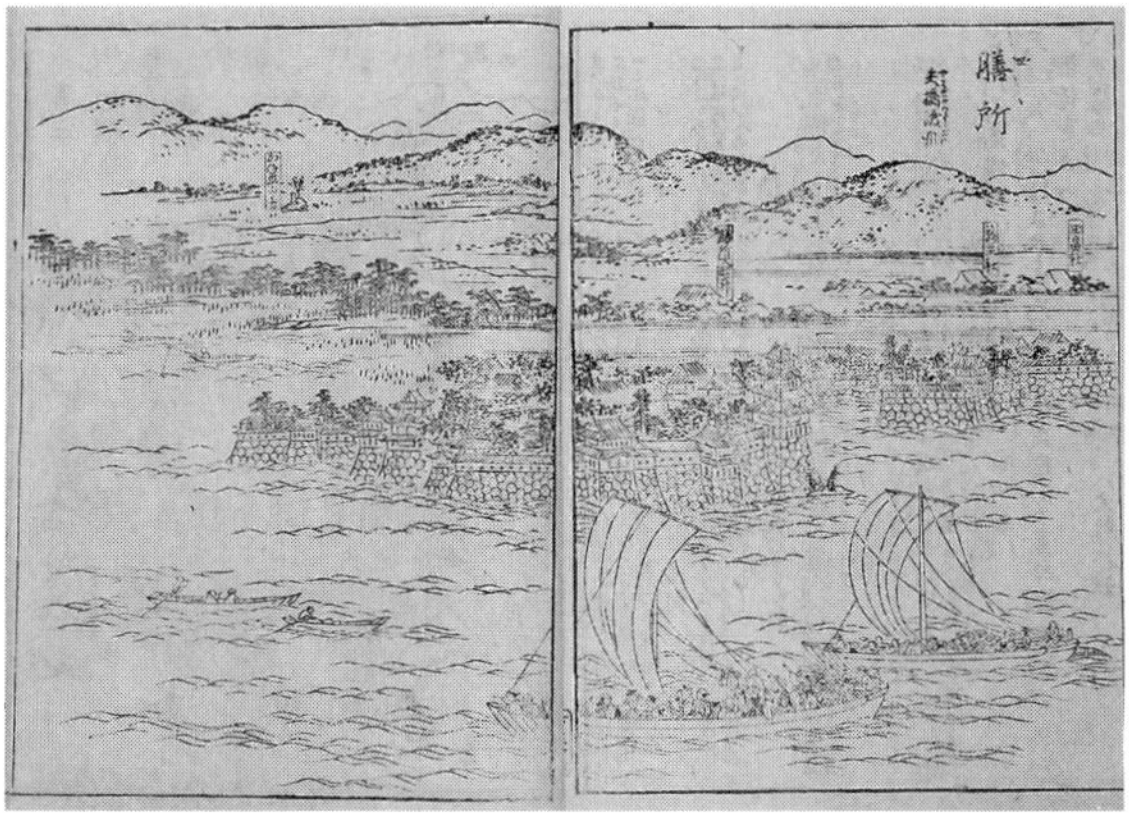

図1　伊勢参宮名所圖會（滋賀県立図書館蔵）

膳所城の様子

膳所城の姿について話を進めていきます。この城は、先ほど言いましたように、琵琶湖に浮かぶ水城として築かれましたが、寛文二年（一六六二）に発生した大地震により大きく縄張りを変更しています。この地震は大津市北部付近を震源として発生したもので、県内はもとより県外においても、非常に多くの被害をもたらしました。膳所城でも、本丸の櫓が倒壊し、石垣が崩壊するなどの被害が発生しました。

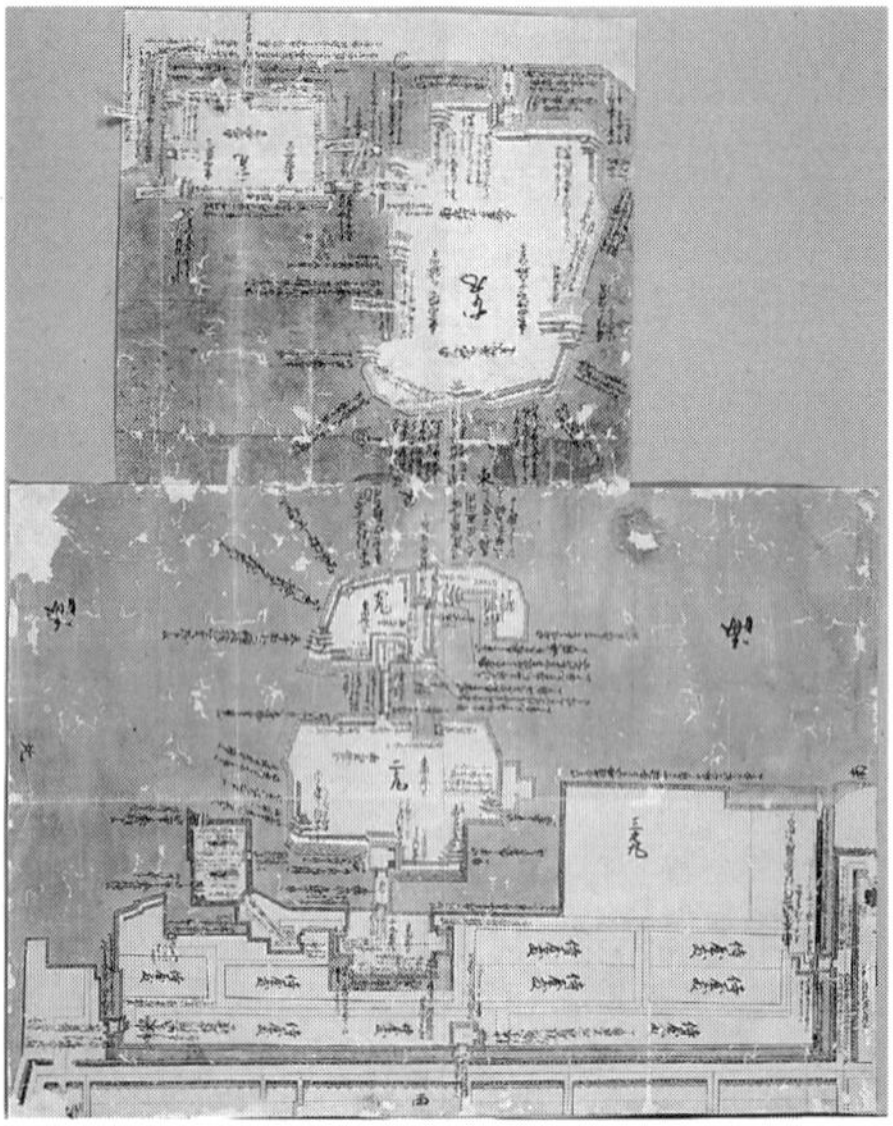

図２　膳所城修覆願ヶ所絵図（「近江国各郡町村絵図」のうち、滋賀県立図書館蔵）

そのときの被害状況と、その後の修復計画を記した絵図（図２）が残されており、この絵図から膳所城の地震前の姿と、地震のあとの姿を知ることができます。

絵図の下側に描かれているのが、修復前の膳所城の姿です（左側が北）。琵琶湖の中に本丸、二の丸が二つの島状に築かれ、橋でつないだ構造としていたことがわかります。このようなかたちに、当初は築城されていました。

一方、絵図の上側には、地震後の修復された姿が描かれています（右側が北）。先ほどの二つに分かれていた本丸と二の丸が合体して、一つの曲輪《くるわ》となっています。また、本丸の横には、藩主の御殿などが設けられた二の丸が新たに築かれるなどの変化が見られます。このときの姿が、その後膳所城の姿として残っていきます。

膳所城下町の様子

城下町の姿について話を進めていきます。城下町を描く絵図は、比較的多く残されています。そのなかでも、元禄十五年（一七〇二）に描かれた『膳所総絵図』（図3）は、当時の町割を非常に詳しく伝える絵図で、築城後百年ぐらいたった頃の様子が記されています。

この絵図に描かれた町割をもとに、城下町の構造を見ていきたいと思います。図4は、絵図に示された町割を写したものです。町割の右側には、地震によって修復され、一つに合体した本丸が描かれています。

なお、北西側に相模川とありますが、この川は、もともとは本丸の方向へ流れていた川で、城下町の建設に際し流れを北側へ変えたとされています。そして、「調査地」として示した部分が今回発掘調査をおこなった場所になります。

城下町は、町割の北西にある大津口、そして南東にある勢田口という城下への入口の間に形成されました。

その軸となったのが、京都と江戸を結ぶ東海道です。城下町を通る東海道を見ると、城郭に面する部分は直線的に造られているのですが、そのほかの部分では容易に通行できないよう幾度も

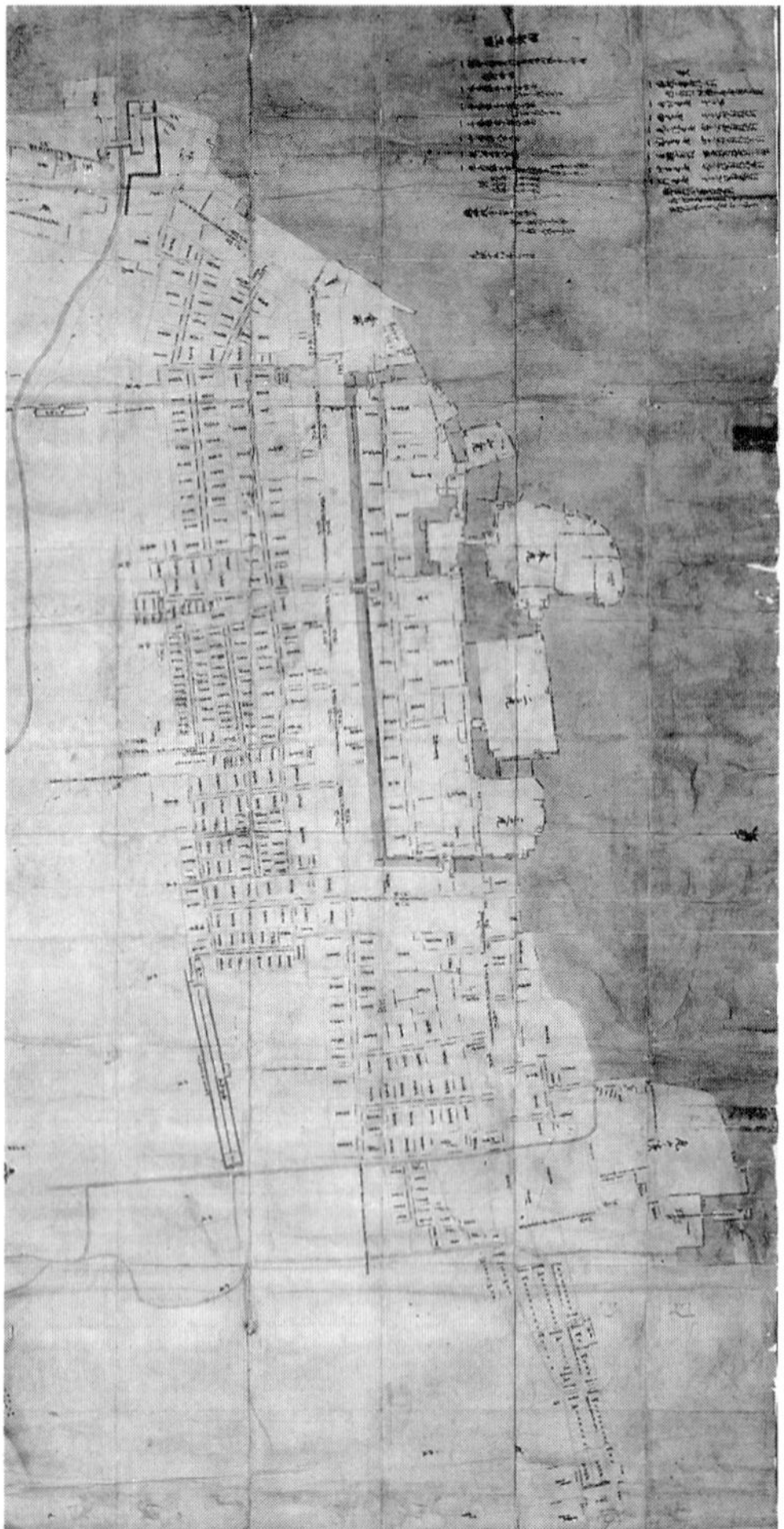

図3　膳所総絵図［部分］
（個人蔵　大津市歴史博物館提供）

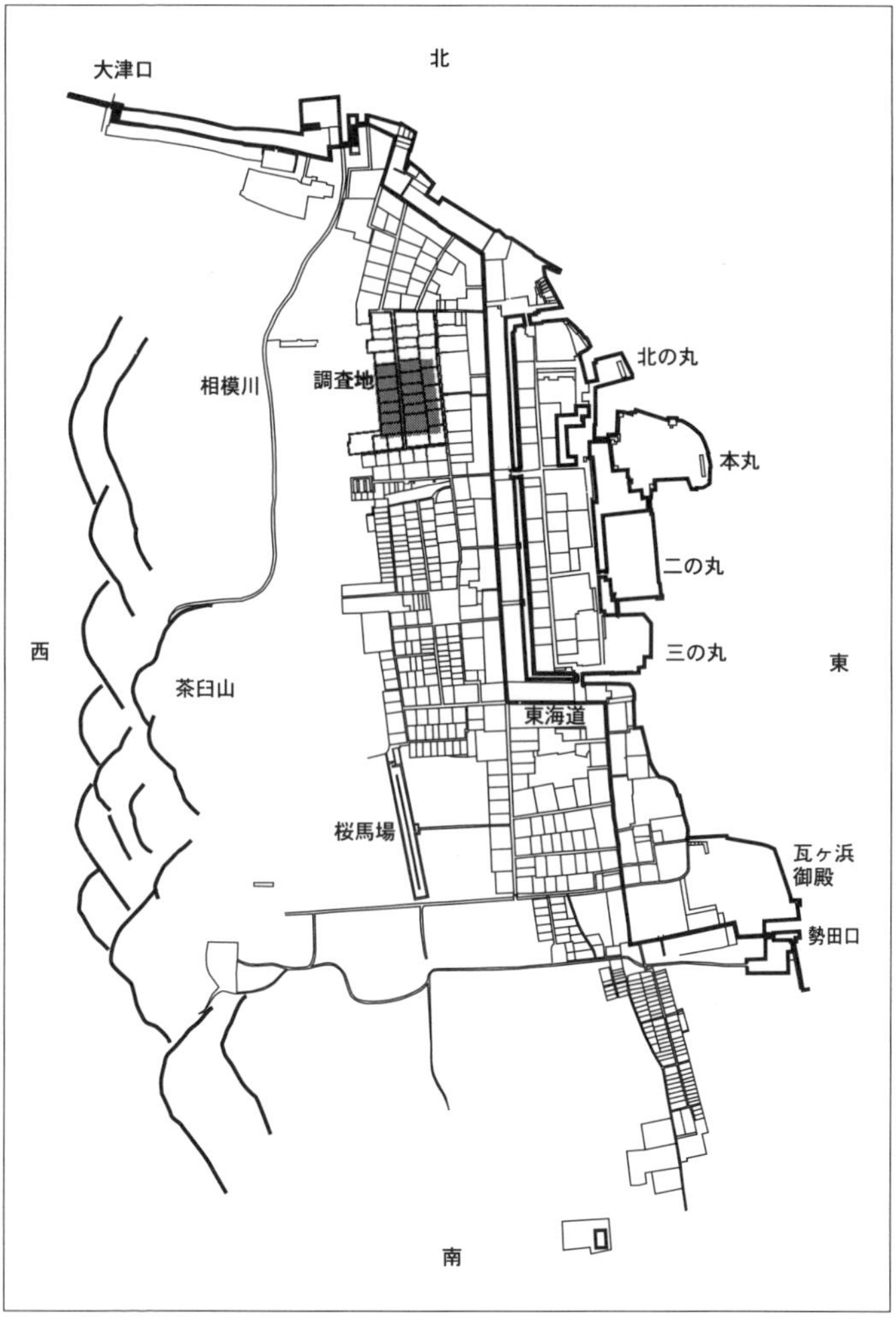

図４　膳所総絵図の町割

屈曲するように造られており、東海道を抑えることが意識されていたと言えるかと思います。このことは、大津口の側に枡形と呼ばれる防御の施設があることからもうかがえます。

この街道に沿って、武家町や町人町がつくられます。町人町は、東海道沿いにのみ形成されます。その町の中には、先ほどの彦根の城下町にもありましたように、魚屋町などの職業集団の存在うかがえる町もありますが、城下町の商業的な側面を支えるこのような町は、あまり発達していないと言われています。

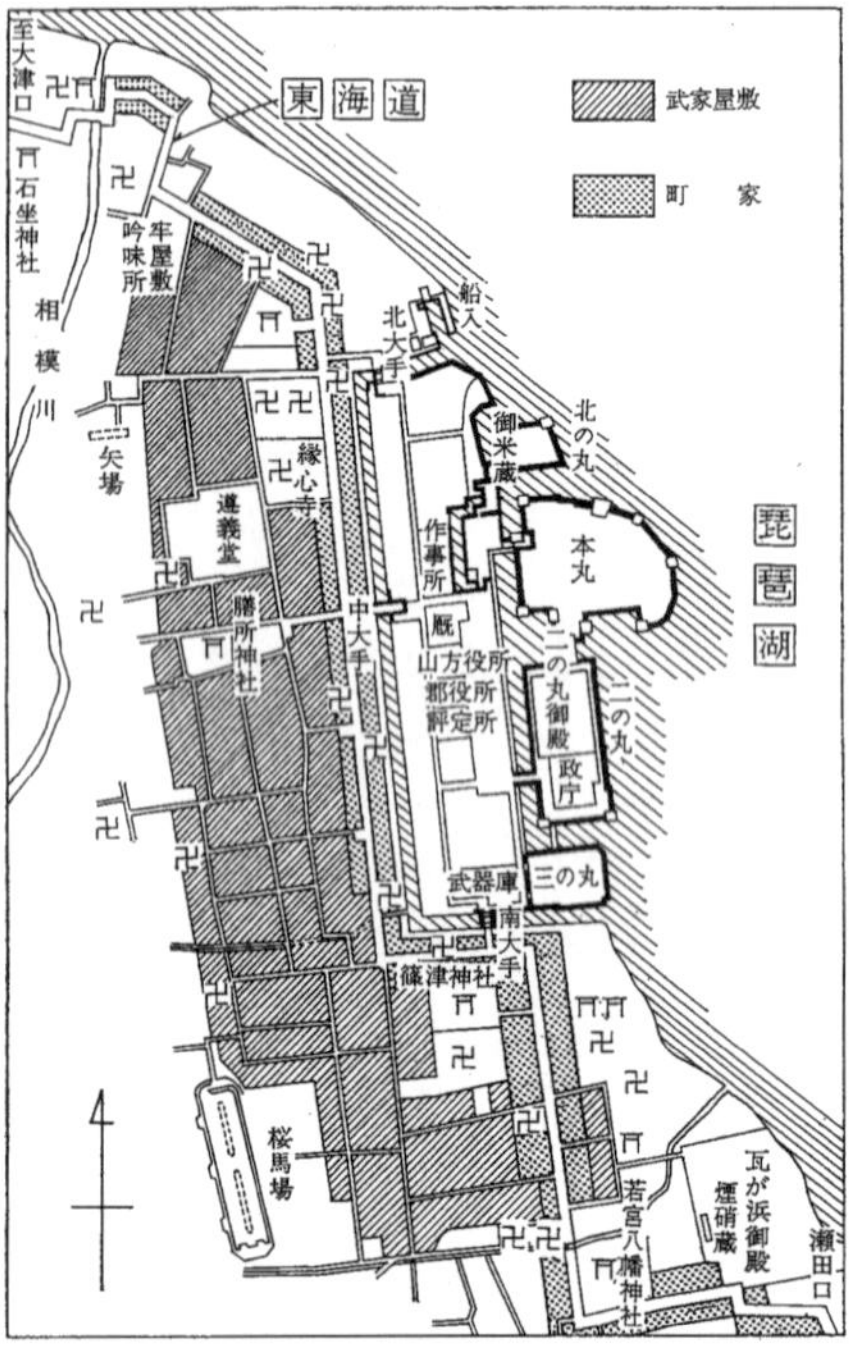

図５　膳所城下町の構造（『新修　大津市史』４より）

一方、武家町は、その町人町の西側を中心に広がり、城下町の大部分を占めています。間口が狭く奥行きの長い屋敷が、街路に沿って並んでいます。

城下町に占める両者の比率を見ると、膳所の城下町は町人町が少なく、武家町が大部分を占めるということが言えます。

以上のように、城下を通る東海道が先のように造られていることや、町人町に対して武家町が発達していることから、膳所は政治的な都市であると言われています。このことは、当時、商業的な都市として非常に栄えていた大津との関係に深くかかわっています。この二つの都市が、お互いの機能を補完して一つの都市として機能していたため、膳所城下町は武家町の比率が高い都市になったと考えられています。

なお、『膳所総絵図』の町割から、発掘調査をおこなった場所（調査地）には南北に伸びる街路が一条あり、その街路に間口を向けた奥行きの長い屋敷地などが十九筆あることがわかります。各屋敷地には、屋敷の間口や奥行の寸法、屋敷に住む人の名前などが記されています。

藩校の様子

遵義堂《じゅんぎどう》は膳所藩の藩校です。その姿は、「遵義堂図」（図6）にうかがえます。調査を行った膳所高校の敷地は、この藩校があった場所に当たります。それまでの屋敷地を解体して、文化五年

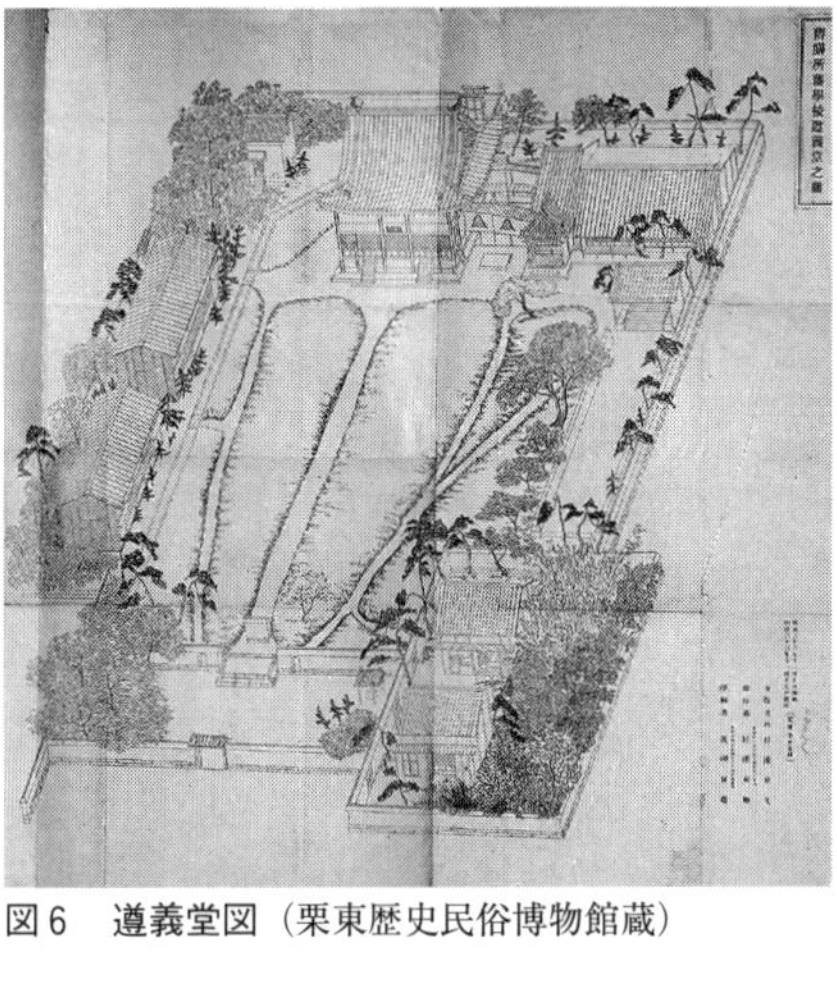

図6　遵義堂図（栗東歴史民俗博物館蔵）

（一八〇八）に建てられており、土地利用の変化があった年代を知ることができます。残念ながら、調査では藩校の建物を確認することはできませんでしたが、この時代の遺物を含むごみ穴などが見つかりました。遺物は、藩校で使われたとみられる色鮮やかな梅《ばい》林焼《りんやき》の水滴（硯に水を入れる容器）などが出土しています。梅林焼は、天明年間（一七八一～八九）ごろに膳所の城下で焼かれ始めたと伝えられる焼物で、蜜柑や茄子などの形をした焼物が知られています。

検出遺構について

膳所城下町の発掘調査について話をしていきます。写真1は調査地を西側から写したものです。写真の上側に琵琶湖が写っています。その右手の樹木に覆われた部分が、現在は

写真1　西上空から見た膳所城下町遺跡（滋賀県教育委員会提供）

膳所公園となっている膳所城の本丸です。調査した場所は、膳所高校のグラウンドに当たり、本丸からは約五〇〇メートルの距離になります。

まず遺構について説明します。この調査ではいろいろな江戸時代の遺構が見つかりましたが、それらは町割を示す遺構と、屋敷内の様子を示す遺構に、大きく分けることができます。

町割を示す遺構としては、街路、区画溝、塀といったものが見つかっています。これらの遺構については、『膳所総絵図』の町割との関係を見ながら把握しました。その結果、見つかった遺構からは、絵図に示された町割を確認することができました。

図7は、『膳所総絵図』の町割と発掘調査の遺構平面図を重ねたものです。太い線で囲われた範囲が調査を行った部分で、その中に細かな線で描いてあるのが、見つかった遺構になります。

町割を示す遺構のうち街路は、屋敷に伴う遺構のない幅五・六メートルの空閑地を、絵図に示された街路の位置に見つけることができたことから、その存在を確認することができました。

屋敷の区画溝や塀は、この街路から東側の部分で主に確認しています。塀については、先の街路の両側に沿って連続する穴が見つかっていることから、そこに柱が建ち、塀があったものと考えています。

区画溝は、街路に向かって口を開けたコの字状の溝を屋敷の奥側で確認しています。幅は五〇センチから一メートル程度で、深さは一五センチから深いもので八〇センチ程度です。ただ、本来はもっと深かったと思われます。屋敷のまわりには、このような溝が掘られていたと考えられ

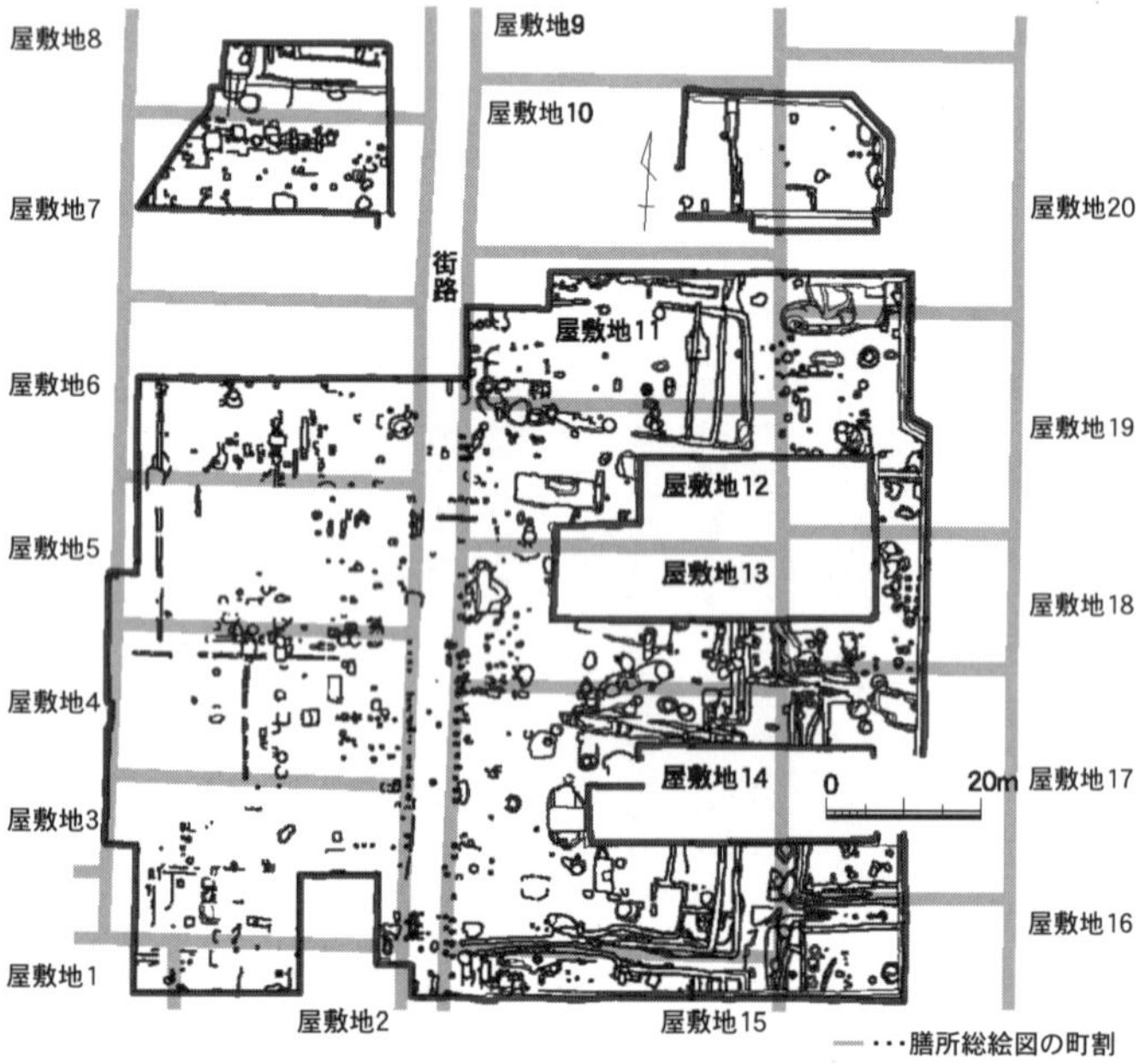

図７　膳所城下町遺跡　遺構平面図（江戸時代）

ます。

区画溝と絵図の町割の関係を細かく見たいと思います。屋敷地11（図８）を例にすると、若干のずれはあるものの、両者はほぼ等しい位置に見つかっていることがわかっていただけると思います。区画溝が良好に確認できる屋敷地14～17についても、同様のことが言えます。

では、調査で確認できた町割は、いつできて、いつまであったのかというが問題となりますが、発掘調査で得られた区画溝の年代を参考にすると、遅くとも十七世紀後半から十八世紀の初頭には存在したのだろうと考えられます。そし

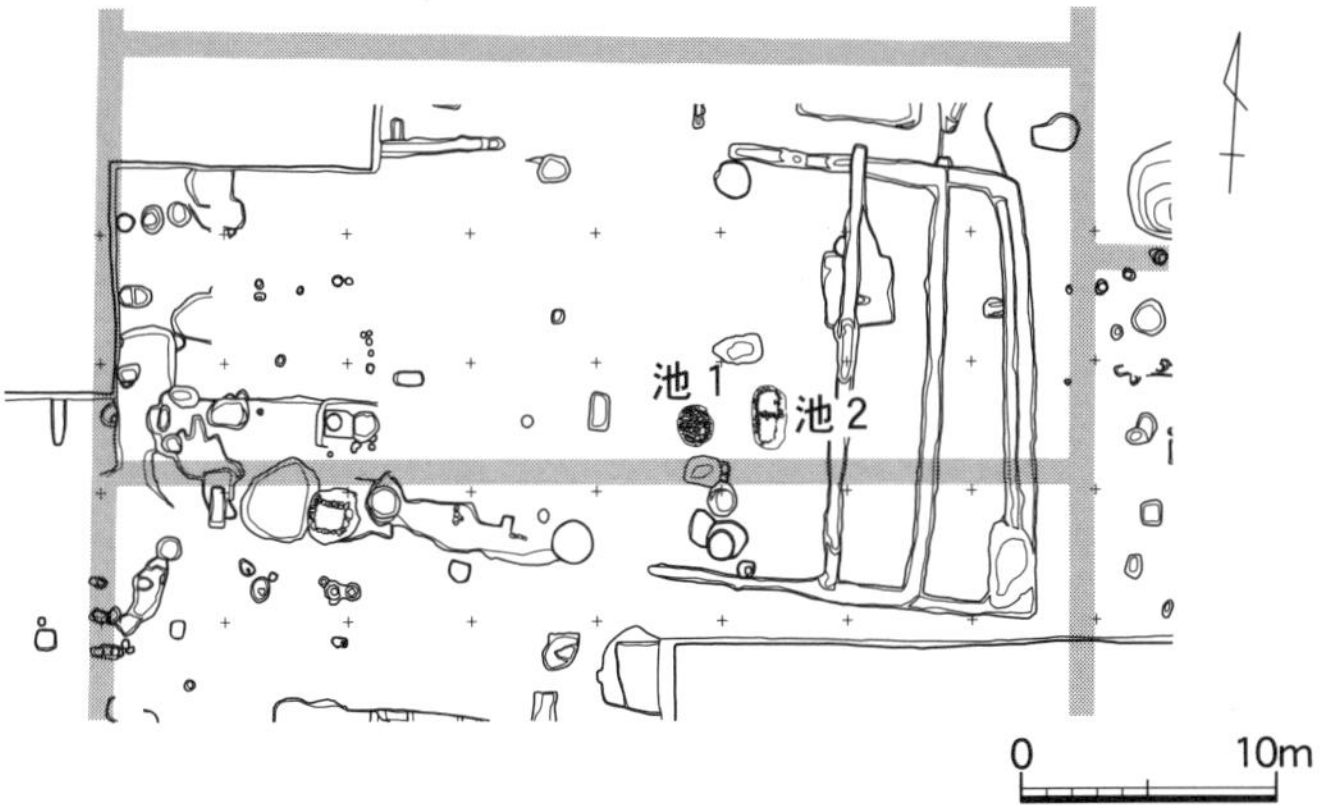

図8　屋敷地11　遺構平面図

て、屋敷の遺構に十七世紀前半にさかのぼると考えられる遺構がないことや、遺構に寛文二年に発生した大地震の痕跡が認められないことから、この町割が十七世紀後半にできたと考えています。

また、この区画溝は二回から三回程度掘り直しがあるのですが、ほぼ同じ位置につくられていて、大きな変更は認められませんでした。このことから、この場所に遵義堂が建てられるまでのあいだ、この屋敷割が継続していたと考えられます。

屋敷内の遺構は、石組みの井戸、陶器の大甕や桶を埋めた便所、ごみ穴、池などを確認しています。このような遺構の分布からは、屋敷内の様子をうかがうことができます。

屋敷地11（図8）では、池が二基見つかっております。この場所は、屋敷の中でも奥側にあたる部分です。したがって、屋敷の奥側を庭として利用していたと考えられます。

建物は、今回の調査のなかでは、具体的な遺構としては確認できませんでした。しかし、屋敷地のなかには、池などの遺構が分布しない部分が中央から街路側に向かって認めることができます。このような遺構が分布しないところには、おそらく建物があったのではないかと考えられますので、屋敷内では建物は街路に近い側に建っていただろうと想定できます。

したがって、屋敷の中では、街路に面する側に建物が建ち、その奥側を庭などに利用していたと考えられます。このような姿は、当時の城下町に見られる屋敷としては一般的であり、膳所城下町においても同様に認められたことを具体的に知ることができました。

写真2は、屋敷地11の区画溝を写したものです。先ほど述べたように、本来はもっと深かった溝が屋敷のまわりをめぐっていたと考えらえます。

写真3が、屋敷地11で見つかった池です。彦根では漆喰でつくられた池が見つかっていましたが、膳所で見つかった池は瓦や陶器、河原石を粘土で張り付けたり、積み重ねたりしたものでした。池のひとつは、瓦と粘土を交互に積み重ねて円形状につくったものです。直径が約一・六メートルあります。もう一つの池は、少し長細い楕円形をしたものです。河原石と粘土を交互に積み重ねて壁をつくり、池の底には信楽焼の擂鉢を張り付けています。信楽焼の擂鉢の年代が十七世紀の後半ですので、それ以降にこの池がつくられたと考えられます。

写真２　屋敷地の区画溝（滋賀県教育委員会提供）

写真３　屋敷地から見つかった池跡（滋賀県教育委員会提供）

出土遺物について

最後に、出土した遺物について話をします。今回の調査では、江戸時代の遺物が非常にたくさん出土しました。それらからは、城下町の武家町に住む人々の暮らしぶりを、うかがうことができます。いくつか主なものを紹介したいと思います。

陶磁器は、調査のなかで、もっとも多く出土した遺物です。磁器は、江戸時代になって肥前（佐賀県・長崎県）で生産が開始され、幕末ごろには各地で生産されるようになります。一二〇〇度程度の非常に高い温度で焼かれた硬質の焼物で、呉須と呼ばれる青い顔料で様々な文様を描いた染付などの製品が作られます。江戸時代の中ごろになると、椀など食器の主要な製品になっていきます。村落にまで広く普及し、日常でよく使われるようになります。

写真４　磁器椀（滋賀県教育委員会蔵）

写真５　陶器椀（滋賀県教育委員会蔵）

陶器は、中世からの生産地である愛

知県の瀬戸焼のほか、肥前の唐津焼、それから近隣の京焼や信楽焼などで作られた食器や調理具など様々な製品が出土しています。また、比良焼の鉢や、東海道の宿場町草津の名物として知られる姥ヶ餅を売るために焼かれた姥ヶ餅焼の皿、先の梅林焼の水滴などの膳所城下町ならではの焼物も出土しています。黄緑色や暗褐色などの釉薬が施されたものが見られ、なかには、赤や緑の色を使って上絵付けをしたもの（写真5）や鉄絵とよばれる文様を描いたものなどもあります。

　このような陶磁器には、茶道具などのような武家町に住む人々の嗜好を示すものがありますが、このことは食器の椀からもうかがえます。磁器が普及すると、村落などの遺跡では量産品の磁器椀が主に出土します。一方、武家屋敷などでは磁器椀も出土しますが、上絵付けをされたものなどの陶器の椀が村落よりも高い比率で出土する傾向があるとされます。したがって、碗のような食器類も、武家地に住む人々が好みに応じて使用していたと言えます。

　次に、焼塩壺（写真6）です。蓋の直径が七・七センチ、蓋を含めた器高が九・四センチあります。この焼塩壺は素焼きの容器で、粗塩を入れて再び容器ごと焼き、塩を精製するためのもので、乾燥した状態の塩をつくることができます。また、この容器は、作った

写真6　焼塩壺（滋賀県教育委員会蔵）

塩を運搬するためにも使われます。大坂湾沿岸などの関西地域で、室町時代の終わりごろから江戸時代を通じて生産され、江戸をはじめ全国各地に流通しました。遺跡から出土したものには生産者を示す刻印が見られるものもあり、調査で出土したものには「泉州磨生」・「泉湊伊織」といった刻印が認められました。

この焼塩壷は、宴席などで膳の上に載せられ、主に身の厚いタイなどの魚を食べるときに使用されました。塩味が薄くなった魚の身に、塩を振りかけて食べていたようです。どこでも使用されたものではなく、主に武家屋敷や社寺、城館などの遺跡から出土することから、限られた人々に普及していました。

図9は、その焼塩壷を使用したところを示す唯一の史料と言われるもので、幕末にペリーが来航したときに横浜でおこなわれた饗応の様子を描いたものです。少しわかりにくいですが、二の膳のところに

▲塩焼壷
拡大図

図9　武州横浜於応接所饗応之図（横浜市中央図書館蔵）

タイとともにコップ形をした焼塩壷が描かれています。焼塩壺の存在は、屋敷内で行われていた豊かな食事の様子を想像させてくれます。

最後になりますが、土人形（写真7）です。調査では、様々な形をしたものがたくさん出土しており、天神さんや大黒さん、猫、猿、犬、亀などが見られます。遺跡から出土したものは素焼きの状態のものが多いのですが、当時は色鮮やかに彩色された人形でした。わずかにその痕跡をとどめるものもあり、うっすらと赤色や黄色の色が残るものもあります。これらの人形は社寺参詣の土産物などとして売られていました。京都の伏見人形などは、その代表的なものと言えます。

これは何に使っていたのかと言いますと、当時の人々はこういった人形にいろいろな願いを託していたようです。病にかからず健康であること、子供が健やかに成長すること、手習いがうまくなること、そして五穀豊穣や商売繁盛などといったことを願っていたのではないかと考えられています。

土人形は、先ほども述べたようにたくさん出土しました。したがって、武家地に住む人々が好んでいたものの一つとして見ることができます。このような人形が、屋敷の中にはたくさん飾られていたのだろうと思われます。

以上、調査の成果についてお話を進めてきました。今回の調査では、いろいろな屋敷内の様子を示す遺構、それから生活の中で使われていた陶磁器をはじめとするさまざまな出土遺物を得ることができました。それらの遺構や遺物は、絵図などの史料とは異なる城下町の暮らしぶりをよ

写真７　土人形（滋賀県教育委員会蔵）

り詳しく私たちに伝えてくれました。

『膳所総絵図』に描かれた町割と、現在の市街地を重ねて比較すると、街路や街並みは　概ね重なっていることがわかります。江戸時代の町割がいまなお多く残されていることがわかり、膳所の町が近世の城下町をもとに発展していることを改めて認識することができます。

今回の調査の成果が、私たちの生活に深くかかわる江戸時代の歴史について、関心を持っていただくきっかけとなればと思っております。

以上で、私の膳所城下町に関する発表を終わらせていただきます。どうもありがとうございました。

参考文献

『新修　大津市史』3　近世前期　大津市　一九八三
『新修　大津市史』4　近世後期　大津市　一九八四
『図説　大津の歴史』　大津市　二〇〇〇
『図説　江戸考古学研究事典』江戸遺跡研究会　二〇〇一
『近江の城下町』助野健太郎　小和田哲男　桜楓社　一九七一
大上直樹「古絵図より見た膳所城」滋賀文化財だよりNo.九七　財団法人滋賀県文化財保護協会　一九八五

『近江やきものがたり』滋賀県立陶芸の森　京都新聞出版センター　二〇〇七
渡辺誠「焼塩壺」『江戸の食文化』吉川弘文館　一九九二

四　パネルディスカッション

パネリスト／京都大学　教授　藤井讓治
彦根市教育委員会　谷口　徹
財団法人滋賀県文化財保護協会　中村智孝
コーディネーター／財団法人滋賀県文化財保護協会　木戸雅寿

木戸　それでは、これより「城と城下町」のシンポジウムを開催したいと思います。ちょっと時間が押しております。たくさんの質問用紙もいただいております。質問に一つずつお答えしていますと、時間がなくなるかもしれません。あらかじめ先生のほうには、質問用紙について、休憩の時間のあいだにお配りしまして中身を見ていただいております。先生方には、話をしながらできれば折りに触れて答えていただくことということでお願いしたいと思いますのでよろしくお願いします。では早速始めさせていただきたいと思います。

実は、平成十八年度に「信長の城・秀吉の城」の企画展をこの安土城考古博物館でおこない、この場でシンポジウムをおこないました。

そのときは織豊期の城郭がテーマでしたので、徳川時代の話は致しませんでした。しかし、城郭の研究には徳川時代にも触れなければならないであろうということで、今回の企画展を開催させていただきました。前回の去年のシンポジウムにお越しになった方はいらっしゃいますか（挙手）。残念、意外と少なくて不安です。今回はその続編というかたちになります。

コーディネーター　木戸雅寿氏

私は織豊期の城郭研究をしておりますが、今回は江戸時代の文献の研究、それから発掘調査をされているお二方の先生にお越しいただいております。これから織豊期と何がどう違うのか、どういうふうに時代が変わってきたのかということをお聞きしていきたいと思います。
徳川家康の時代ですので、こういう企画は静岡でやればいいのではとお思いの方もたくさんおられるかもしれませんが、実は、近江の地が江戸幕府開闢《かいびゃく》後の情勢に、非常に大きな鍵を握っているのではないかということが、最近少しわかってまいりました。そのあたりも含めて、おそらく先ほどの講演で、話足りなかったところなどもあるかと思いますので、まずは先生にお聞きすることから始めたいと思います。

織豊期と江戸期の築城の違い

木戸　質問用紙の中にもいくつかありました。信長が死に、秀吉が死んで、そして、関ヶ原がおこったわけです。そして、幕府が開かれるのですが、どうも江戸ではなく、徳川家康は、近江で最初に築城を始めるということのようです。この築城は、本当に天下普請なのでしょうか。それに絡めて、これらの城はいったい城は誰の持ちものなのか。誰の命令で、どういう意図のもとにつくられる城なのでしょうか。我々の感覚で言うと、普通城は戦略的な目的の下に城主が必要なところに、必要な城をつくるというふうに思っているわけですが、どうもお話をお聞きしておりますと、ちょっと違うのではないかと思いましたので、もう一度、そのあたりのところをご説明いただけませんでしょうか。

藤井　うまくお答えできるかどうかわかりませんが、近世の城は、どういうふうにつくられたかについて、いくつかの傾向をお話ししたいと思います。

慶長二〇年に、いわゆる元和の『武家諸法度』が出されました。その元和の『武家諸法度』で新しい城はつくってはならないと決められておりますので、基本的につくられることはありません。

しかし、まったくなかったのかと言うと、幕府の意向で、あるいは新しく城地をもらって城をつくる場合が、わずかにあります。しかし、それ以降の新城というものは極めて少ししかありません。逆に申しますと大坂夏の陣以前に、日本の大半の城はつくられたと考えていただけばよいと思います。

織豊期の城と江戸期の城がどう違うかという点ですが、織豊期のいわゆる天下人が自らの城をつくるのと、各大名がそれぞれの領地で築城するという状況は、江戸時代の慶長十四年、十五年ぐらいまでは続きます。幕府の意向に関係なく、それぞれの大名が、それぞれのところで城をつくります。これについては、家康がすごく嫌がったと言われているのですが、つくってはならないということではありませんでした。

江戸時代に入って、家康がまず統制したのは、例えばよくご存じだと思いますが、萩城をつくる時のことです。周防と長門を領した毛利氏の城をどこにつくるかというとき、三カ所の候補地があって、結局、萩に決まりました。今日の彦根の話とよく似たような、家康が三つ案を持ってこさせて一つの城地を選ぶというやり方です。しかも、家康は、萩の場合は、もっとも毛利氏に不利な場所に城をつくらせたとも言われているようなつくらせ方でした。家康の意向が貫徹するような場所においては、家康がそうしたかたちで統制をしたというのが一つです。

そうではなくて、それ以外の城、例えば九州の立派な城、豊後竹田の七万石の中川氏の城を見られると、ほんとうに立派な城ですが、それらは、大名が勝手につくったものです。ただし家康は、先ほど言ったように苦々しく思い、徐々に統制をかけていくというのが、歴史的な流れです。

それに対して、もう一つの傾向は、例えば膳所城です。私は公儀普請だとは思いませんが、しかし家康の意向でつくられた城であることはたしかです。逆にいうと、大津城を廃城するという前提があって膳所城ができるのです。佐和山城はいわゆる関ヶ原の戦いの直後に焼け落ちますから、あまりかたちがない城で、それを直すのではなくて、新たな地に城を築くということで、おそらく彦根に移るのだろうと思います。佐和山に入ってくる井伊氏は、それ以前に十二万石ぐらいの所領を持っていたのですが、それほど簡単にあの規模の城をつくれるわけではありませんので、家康が、大名に役負担をかけてつくらせたのです。

役負担のさせ方はいろいろありまして、軍役として領地高に対しどれだけ出せと大名に命じるやり方と、千石夫によるものがあります。千石夫とは、その地域にいろいろな大名がいても、例えば伊勢の国に九人の大名がいたとしますが、それとは関係なく、一国を対象に千石に何人出しなさいという方式です。例えば名古屋城の普請などは、この方式でやらせました。この二つの方式は、どちらも天下普請です。

この城のつくり方は、清洲を廃して名古屋に移すのと同じように、家康の一定の戦略のもとに城を移す、つくるということが成されるということです。「誰の城ですか」というご質問ですが、預かりものと考える側面があります。

城というのは、なかなか難しいのですが、領地だって預かりものだと言ってしまえば、城も預かりものです。しかし、そこの領有をずっと続けた大名にとっては、自分の城だという主張は当

然のこととしてあるわけですので、城を売買するようなことは、もちろんできるものではありませんが、幕府の意向が非常に強くかかった城と、そうでもない城と、やはり両方あるというのが実状かと思います。

先ほどから申しますように、亀山や、篠山、彦根、膳所、名古屋のように戦略的につくられた城については、幕府が大名統制をするためにも、多くの大名を動員してつくらせたということができます。

多くの場合、あくまでもそこの城主になる人が主体であり、動員された大名たちはそれを助けるのであって、大名たちが勝手につくるのではないのです。大坂城を新しく元和以降につくったり、また二条城をつくるときにも多くの大名を動員するのですが、縄張りは家康の意向で縄張りをする、秀忠の意向で縄張りをするということですので、城をつくる人が誰かという点では、城主になる人の意向というのは、すごい大きな役割を持っていると思います。
ちょっとうまく答えられませんが。

木戸　やはり、城は、個人的に勝手につくることは、絶対にできないということですよね。無理ですか。一つは地域的戦略があって、それを家康自身が考えているということですね。だから城主が家康の意向をうかがわざるを得ないということなのでしょうか。地域と状況に合わせて、その城が設置されていくと考えてよろしいのでしょうか。
例えば、徳川幕府の奉行などが来て城を造り、完全にできてから、受け取るというようなこともあるのでしょうか。

藤井　完全にできてからもらうというのは、たぶんないと思います。誰かをそこに移して、そこで城をつくらせる。それに奉行がついて、そして大名が助役をするというかたちで動きます。
篠山は、そういうかたちでつくられています。丹波篠山の公儀普請が、どういうふうに運用されたかは史料からよくわかります。そういうところで見る限り、まず誰が大名になるかが先に決まっていて、そして、そのうえで城がつくられ、それに対して助役されるという手順だと思います。

木戸　今、先生のお話を聞いていて思ったことがあります。信長の本城はべつとして、明智の坂本城や、秀吉の長浜城は、彼らがつくったのか、信長がつくらせたのかという問題です。秀吉段階も、織豊系の城として全国に展開しているのですが、やはり秀吉の許可が得られないと城を絶対つくれないだろうと私たちは思っているわけです。そう言うやり方は、織豊政権までと思っていました。家康は全然違うやり方で城造りを考えてきたのかと、個人的にはそう思っていたのですけど、今日の先生のお話を聞いていると、やはり家康も、そういう非常な戦略的な拠点とかを念頭においていたということ。ですから、江戸時代においても、まずは城主というより地域戦略のからみのなかで、築城というものを考えていかないといけないのだということをあらためて認識させていただきました。

それで、先ほどお話がありました戦略のもとにということなのですが、例えば地域の状況や、そのときの歴史的な状況において、その部分をどういうふうに考えて扱われていったのかというところが、次の話になります。

古い城を使わず、新しく築城する戦略的な意味とは

木戸　信長はこの近江の国へ来て、安土城を築城しました。信長が亡くなってから、秀吉は安土城を廃して、近江に八幡山城をつくります。北では、織田段階でつくった長浜城が残っていて、それを継続して使ったり、坂本城は落城しているのですけれども、そこに城をつくらずに、大津

へ行って大津城をつくっています。そして家康の段階では、大津城をやめて、膳所城へ行くというようなことで、前段階にあった城を使えばいいのにという気もするのですが。使わずに移動させて城を築いていきます。戦略的な意味はどれぐらいのウエートを持っているものなのでしょうか。

藤井　すごく難しい質問です。例えば、いま近江の坂本城についておっしゃいましたが、明智光秀が本拠にした城であります。天正十年の本能寺の変のあと坂本城が焼失したといわれているのですが、おそらくすぐ再建されたと思います。

秀吉は先ほど申しました天正十四年の終わりか、十五年までは坂本城をたいへん重視していて、例えば天正十一年、十二年あたりまでは、北国攻めをするときや、東国に出ていくときには、必ずいったん軍勢を坂本に集めて、そこから東、あるいは北へ出ています。坂本の位置は、北に向かってはたいへん重要な位置を占めます。それからもう一つ大きかったのは、比叡山をどう押さえるかということで、坂本はおそらく信長段階では、あそこに城を築いたのだと思います。秀吉は天正十三年に比叡山の再興を認めており、その時以降は比叡山との関係は比較的良好になると思います。

むしろ、経済、流通の拠点、瀬田川から宇治川へのルートも、もう一つ主要なルートになりますので、そうしたなかで、秀吉は伏見に城をつくります。大津の位置のほうが坂本より経済的にはより優位な場所にあるということで、大津に城をつくったのだと思います。
ですから、そういう意味で言うと、自らの拠点は京、大坂で、特に京都にあるわけですので、北国に向けて、大津に城をつくることは意味があったと思います。家康にとっては、伏見と江戸を結ぶ拠点をきちんと押さえる、近江のどこを東海道で押さえればいいかという意味で、やはり膳所の方が、大津よりもより優れていると考えたのだろうと思います。

木戸　いわゆる戦略の重みは、どの地域をどう見るかによって変わってくるということですよね。例えば織田段階だと比叡山という大きな力がありますので、そういう宗教的なものを抑える場所につくらなければいけないとか、琵琶湖を押さえるために、琵琶湖に突出するような安土城みたいな城をつくらなければいけないとか。いまのお話ですと、家康はむしろ琵琶湖よりも街道のほうに重要点があったということでしょうか。経済流通というものを重視して、動乱のその先にくるもの。安定した時代がくるのを見越してそういう道を重視したのでしょうか。視点が変わっていくのだということを、逆に、城の移動がそれを示しているのではないかというような、先生のお話はそう言うようなお話だったのではないかと思います。

大坂城包囲網

木戸　総まとめとして、もうひとつお聞きします。最後のところで、大坂城包囲網という言葉を使われました。これは、私はすごく衝撃的でした。かつて、徳川家康が天正十八年に関東に移封され時に、秀吉にされたことを、まるで仕返しのように徳川家康がまたやり返すのかなと思ったりしました。このへんは時間があまりなかったかと思いますので、大坂城の包囲網の重要性を、もう少しご説明願えますでしょうか。

藤井　一般的には、大坂城を取り囲むように譜代大名を配置したと言われているわけですが、私自身が今日お話ししたかったことは、慶長六年、七年、八年ぐらいの段階で家康は、京都、江戸をいかに軍事的に掌握するかという関心がより大きかったと考えたほうがよいのではないかということです。

先ほどからの話では、私が陸のほうを重視していると聞こえたかもしれませんが、決してそういうつもりはありません。年表にありますように、慶長六年五月に観音寺に対して、琵琶湖の船について調査を命じています。それによって琵琶湖の状況をきっちり家康が掌握しているのです。琵琶湖に彼が関心がなかったということではありません。しかも琵琶湖の流通については、より大きな意味合いを、この時期持っているわけですから、経済的な観点からは琵琶湖を重視していた点を忘れているわけではありません。そこは、一言申しておきたいと思います。

包囲網について申しますと、家康は慶長十三年までは毎年伏見にやって来るのです。年頭の儀礼もおこない、大坂には慶長八年に将軍になるまでは必ず大坂城に行って、あいさつを秀頼にして、そしてまた江戸に戻って行くという行為を繰り返しています。畿内を、どう政治的に安定的に掌握するかというのが、当面の課題だったと思います。

慶長十六年、家康は、天皇の交代というか、後陽成天皇に譲位を迫り、後水尾天皇を即位させるにあたって、三年ぶりに京都にやって来ます。そのとき、秀頼に上洛を強要しますが、慶長八年の将軍宣言を受けたときには抵抗できた秀頼も、慶長十六年のときには抵抗できずに京都にやって来ます。

その前後から、家康は大坂城、大坂というものをつぶそうという戦略に、おそらく立ったのだろうと思います。そのなかで、自らはいったん駿府に退いて、そして伏見城に定番を入れます。最初の定番は結城秀康という福井藩、越前一国を所持した大名がそこに入るわけですから、軍事的にたいへん大きな意味を持つと思います。

そして駿府城主であった内藤を近江の長浜に入れ、ついで譜代大名の人を丹波の篠山と亀山に置くのです。そして、それ以前から配置されていた彦根も、膳所も、伊勢の亀山も、場合によっては名古屋城も含めて、軍事的な配置を固め、慶長十九年の大坂攻めにもっていく配置での城づくりがなされたと思っています。

木戸　47頁の図3を見させていただきますと、関ヶ原が終わったあととはいえ、まだ、大坂城には豊臣氏が存在しているわけですから、それを最終的にどうするかを、徳川幕府としては決めていくというなかで、こういう城配置がされたということがよくわかりますね。これを見ていますと、やはり、天正十八年に家康が関東に移封された時のかたちとそっくりだと思ってしまうわけです。なかなか、まだすっきりとした時代にはなっていかないということを、あらためて認識しました。

大津の膳所城が最初、慶長六年に築かれ、それから彦根城が慶長九年、そのあと慶長十一年に長浜城ということで、少しずつ時期をずらしながら築城せざるをえない状況が、このなかにうかがえると感じました。

膳所城の状況

木戸　では、具体的に歴史の話、状況の話を先生にしていただきましたので、実際の城のお話を少しこれからしていきたいと思います。

築城年代の早いところから、まず膳所城です。膳所城の状況は、どのあたりまで、何がわかっているのかということを中村さん。お話し願えますか。

中村　膳所城は、私の話で使っていましたように、絵図は比較的残されております。発掘調査については、いま膳所城の本丸のところは膳所公園になっていますが、この膳所公園を整備する時に、過去に二回ほど調査されています。

そのときは、本丸の外周の石垣や、天守の部分の石垣が見つかってはいますが、そういった石垣が確認できたというぐらいで、そのほかのことは、あまりわかっていないというのが現状です。

木戸　残念なことに意外と何もわかっていないということですね。大津市域の坂本城もそうなのですが。できたら大津城も坂本城ももう少しちゃんと調査して欲しいなと思いますよね。この三つがセットにならないと、この時代のことがよくわからないですから。膳所城の形や城の意義もわかっていかないですよね。ということは、唯一、この絵図が頼りということになりますか。

今回、展示室に展示してあるこの絵図を見た限りでは、みなさんもご存じのように、琵琶湖のほうに突出した湖城《うみじろ》といわれる縄張りだとわかると思います。お城を琵琶湖側に突き出しまして、陸側のほうに家臣団の屋敷、それから堀を掘って、城下町をつくるというようなスタイルの城をつくっています。

後ろのほうの資料にも付いておりますが、大津城もやはり本丸がやはり琵琶湖のほうに出ていて、それをくるりと二の丸が囲うようなスタイルになっています。坂本城もたぶんこのようなかたちではないかなと思うわけです。

とすると、どうも、織田段階、秀吉段階を経て家康段階になっても、同じようなスタイルの城造りで行われている様な気がしますね。琵琶湖のほうを使うのか、道側を使うのかは選択できるのですけれども、湖側を使うスタイルの城が、この時代の近江では築かれているようです。

城が軍事的要素から経済的理由へ

木戸　この城は地震があったあとに、かなりつくり替えられますよね。城を改築城したときに家康の意識はどれくらいかかわったのでしょうか。本多氏が決めたのか、それともやはり家康が決めたのかという問題ですが。最初の縄張りが決められた時は本丸に二の丸が続く形でつくられたと思うのですが。この寛文の絵図では、本丸に二の丸が引っ付けられていますよね。こんなことをして、城の縄張り構造として大丈夫なのでしょうか。

藤井　寛文の大地震というのは、膳所もそうですし、彦根もそうですし、私がもともと研究していた福井県の小浜の城もそうですが、近江の周辺の城の石垣が、江戸時代ではもっとも崩れた地震だったと思います。このかたちをつなげてしまうのには、当然、幕府の許可がいるわけで、勝手にできるわけではありません。

何よりも、なぜやったかというのは、図を見てください。私があげた45頁の図2でも、あるいは口絵Ⅱの上の図、どちらでもよいのですが、本丸のところに外海からいったん内に入って、掘り込んでいるところがあります。これは船入です。早舟や軍船などを入れる場所であって、この城が湖に向かってつくられているというのは、決して道路だけを考えていたわけではなくて、軍事的にも湖を意識していた構造だと思います。

　しかし江戸時代では、関ヶ原が終わって大坂の陣が終わったあとぐらいから、だんだんと必要がなくなってくるのです。だいたい十七世紀の半ばぐらいまで、所々でつくられた水城の中には、この船入を本丸の部分につくることがしばしば見られるのですが、そのあとは埋めてしまうのです。これは、経済的な理由だと思います。放っておきますと、船入というのはすぐ埋まります。それが一つです。
　それから、こういう形にしておきますと石垣の線がすごく長くなります。一直線にすれば何分の一かで済みますから、そういうところにも理由があって、おそらく寛文の地震のときに、崩壊した石垣をあえて修復せずに、ラインを一線にし、かつ本丸と二の丸を一緒にして、大きな面積の本丸に改造したのだろうと思います。
　その結果としては、軍事的要素というのはいちだんと落ちると私は思っておりますが、おそらくそれが理由だろうと思います。

木戸　当初のプランを完全に変えてしまうわけですから、当初の縄張りに非常に意義があるとしたら、かなり軍事的にはレベルが落ちてしまうというわけですね。それともう一つのポイントは、こういうことをするときには必ず幕府の許可や届け出がいるのだということが大切ですよね。城主が勝手に何でもできるわけではないということです。ですから、この形態自身は幕府が認めているというところに重要な意義があります。そういうところに江戸時代の城の意義を考えていかないといけないことが、この絵図の中から読み取れるのではないかと思いました。

ただ、現況はご存じのように、膳所公園があゝいう状況ですので、これからの調査を待たなければいけないことは、たぶんたくさんあるだろうと思いますが。

それと、もう一つ気になったことがあるのですけれども。先生、膳所城ができたあと、大津城の跡地というのは、何もなく更地みたいになってしまうのでしょうか。

藤井　まったく更地になったわけではなくて、そこに大津の代官所、幕府の公的な施設が置かれます。ただ石垣が高く積まれた上にあるのではなくて、平たくしたところに、代官所あるいは幕府の屋敷、それから公儀蔵といって、彦根の御用米の蔵とは違うのですが、軍事的な意味ではなくて、年貢米をそこに納めるための蔵などが設置されています。

そのほか、彦根藩の多屋という蔵屋敷がここにできますし、小浜藩の蔵屋敷もここにできます。いくつかの大名の蔵屋敷が、この周辺にできます。一部は、もちろん町家化していると、私は正確には押さえていませんのでわかりませんが、『大津市史』にそのへんの事情も書いてあったように思います。

まったく何の意味もなくなって、更地になったというわけではなくて、むしろこれは経済都市、港湾都市大津のなかに取り込まれていって、その政治的機能の中心は代官、あるいは町奉行の屋敷になったと考えていただいたらよいかと思います。

木戸　なるほど、もともときっちりとした理由があって、おそらく戦略拠点という意味で、家康はそこに城を築いていますので、やはり、そのへんのところは最後まで徳川幕府はしっかりと認識していたということですね。

佐和山から彦根に築城した理由

木戸　膳所城はあまり話をするところがありませんでした。それに引き換え彦根は建物がありますからいいですね。天守が残っています。これから少し彦根城のお話をしたいと思います。

まず、立地的なところから、先ほどの坂本城、大津城、膳所城につきましては、琵琶湖側に突出した形で、織田段階からずっと城が設置されているわけですが。逆に湖北のほうはどうなのでしょうか。長浜城は織田段階では琵琶湖側につくったにもかかわらず、秀吉段階では佐和山城を造り、しかも玄関口を琵琶湖とは逆の山側に向けています。69頁に佐和山城の絵図が載っていますけれども、琵琶湖におしりを向けるようなかたちにして佐和山城がつくられています。

先ほど、藤井先生のお話ですと、家康は石田三成の住んでいるようなところに住めないというような感じで築城場所を変えましたというお話がありました。そのあたりのところ、佐和山から、磯山をはさむのかどうかという問題も含めて、築城、占地の問題として、家康におうかがいをたてたかどうか、そのあたりを、谷口さんはどのようにお考えになっていますか。

谷口　一番大きい問題は、やはり城下町だと思います。城下町が形成できるか、できるだけのスペースがあるかどうかということを考える時代だろうと思うのです。ですから、佐和山では手狭だということがありますし、典型的な山城である佐和山城の場合には、山の上と下との距離の問題があると思うのです。磯山については、その周辺にそれだけの城下町を確保するスペースが取れません。最終的には彦根山ということになったのだろうと思います。

それでは、彦根城はそのまますぐに城下町の建設に着手できたのかと言いますと、問題になったのは、湿地帯が非常に多かった点です。そこで善利川《せりがわ》の付け替えをやったり、あるいは一説には尾末山《おすえやま》という山を一山切り崩して、それで低い箇所に土を入れていったとも伝えています。湿地を完全に陸化しないと城下町建設に着手できなかったわけで、そのために大土木作業をやることで初めて城下町建設が可能になったわけです。

木戸　つい、この春あたりに、織豊期の城下町の研究会が安土町でありました。そこで、安土城の城下町はどれだけ発展しているのかとか、どれだけ進化したのかという話題があったのですが、私は、かなり否定をしました。最終的に城下町経営をしていこうと思うと、あのような狭い土地ではなく、広大な土地へ出て行かざるをえないからです。自分の好きなようにプランニングをし、人口を増やしていこうとすれば、かなりの場所がいるということで、大坂城までいかないとだめなのではないかというようなことを、お話ししたことがあります。

まさに、いま谷口さんがおっしゃったことは、そのようなことですよね。山の高い上では、城として戦略的にはよいかもしれないですが、それ以後の安定した城下町経営をやっていくことになると、やはり広い土地を求めないといけないというお話でした。城は、そのようにして場所や形をどんどんと変えていくという大切なお話でした。

城での暮らしぶり

木戸　城下町の話は、最後にしたいと思いますので、まずはお城から。膳所城のほうは、お城のことが全然わかりませんでしたので、城主がいったいどういう風など暮らしぶりをしていたのかということを説明ができませんでした。

その点、彦根城は、しっかりと天守を初めとする建物、御殿も元はあったわけで、そういうものが発掘調査で発見されまして、いろいろな様子がしっかりとわかっているとい思います。

比較論という意味で、安土城の御殿は非常に政治的な御殿だと最近言われています。たしかに広いのですけれども、間取り的には、長方形のどかんとした建物で、広間がどんとあります。信長自身は、天主にも部屋をたくさんつくりまして、その上に住んでいるのですが。

彦根城の、例えば口絵Vの絵図とか、先ほどの発表などをお聞きさせていただきますと、それとはまったく違う状況のようです。御殿も表と裏があったり、そのほかにもいろいろな施設がここかしこに複合的に設置されていたり。そのへんのところを含めて、説明が足りなかったところがありましたら、城主の暮らしぶりについて、戦国期とどの部分がどう違うのかというところもあわせて、もう一度、ご説明いただけますでしょうか。

谷口　その話にいくまでに、50頁・図1の『御城内御絵図《ごじょうないおんえず》』を見てください。当時、藩主の立場にありました井伊直継《なおつぐ》が、佐和山城から彦根城へどのように移って行ったのか振り返っておきたいと思います。築城を始めた慶長九年の暮には早くも鐘の丸の広間が完成し、直継はさっそく鐘の丸広間に移っています。そして二年後の慶長十一年に本丸の天守前に新しく広間が完成。直継は再び移ってここを御殿としています。鐘の丸の広間は、天守前に広間が完成するまでの仮の御殿であったのかもしれません。

当時は大坂に豊臣勢力が残存するという軍事的緊張が続いており、山上の天守前に広間を建立し、藩主はここで政務を執ったのでしょう。ところが大坂の陣以降、豊臣勢力が一掃されると、山麓に広大な地を求めてここを新たに御殿としました。それが、先ほどご説明した表御殿です。

表御殿の発掘調査では、発掘調査と並行して井伊家に伝来した資料の調査も実施しました。その結果、絵図などの資料が比較的豊富に残っていることがわかりました。それらを詳細に調べて行きますと、表御殿の変遷を大きく五期に分類することができました。口絵Ⅴの「表御殿絵図」はそのⅤ期、つまり江戸時代後期の姿です。現在の彦根城博物館はこのⅤ期の姿に復元しています。

先ほど、表御殿は大きく「表向き」と「奥向き」に分けることができるとお話ししましたが、表御殿の変遷を追認していくと、「表向き」は建物配置にそれほど大きな変化が認められないのに対して、「奥向き」は多様に変化していきます。儀礼や政務を司った「表向き」に変化が乏しく、藩主のプライベート空間である「奥向き」に大きな変化が認められるのです。つまり「奥向き」は藩主の個人的な趣向を取り入れて多様な展開を見せ、結果として幾度もの建て替えが行われたと考えられます。確かに、奥向きでは時期を問わず其処かしこに茶室が生まれ、消えていきました。また、Ⅴ期のある段階には「鞠場《まりば》」があって蹴鞠《けまり》に興じた藩主がいたことが推測されます。そして、寛政十二年（一八〇〇）に十一代藩主直中《なおなか》によって能舞台が建立されることになりました。

もともと大名は、戦を繰り返して力をつけ、武力で一国の主になったわけですが、主になったと思ったら皮肉にも平和な時代を迎えてしまったわけです。ですから、戦上手だけでは平和な時代の大名はつとまらない。武術の修練とともに、文化的教養をもった大名が要求されるようになったのです。ですから、幼少期から武術を学ばせる一方で、さまざまな文化的教養を積ませていく。結局、茶の湯や蹴鞠、あるいは能楽などを嗜む文化人大名が多様に生まれ、彼らの趣向によってとくに奥向きのプライベート空間が、どんどん変化していったと考えられます。

木戸 谷口さんのお話は、一足飛びに文化的暮らしに行くのではなくて、ワンステップあるということですね。藤井先生のお話にもありましたけれども、やはり慶長十年段階ぐらいというのは、まだ情勢的に不安な要素があるので、少し織豊的な戦国的な要素が残っていて、天守が大きかったり、天守の下に広間があったりとすると形も残っているということですよね。

特に、確かに彦根城の天守は古風な形と思います。当初、井伊さんはこの平山城に住んでいますから、そういう意味でも、慶長期には入っているけれどもその雰囲気というのは織豊的であるということですね。その次の時期になると、城主も山から完全に下に下りてしまって、山は形式的なものになってしまうということですね。

当時、天守は、儀式や政治の場として使っていましたか。

谷口　使っていないと思います。記録を見ていますと、天守には歴代の藩主の具足《ぐそく》が収納されていたという記録「御天守御具足御目録帳《おんてんしゅおんぐそくおんもくろくちょう》」が残っています。つまり江戸時代の天守は、言葉は悪いですが物置であったと考えられます。

家康とか、あるいはその前の秀吉、信長のように、天守が大好きという殿さまは、おそらくその後は出てきていないと思うのです。生涯に一度も天守に登らなかった藩主もいたのではないでしょうか。

木戸　ありがとうございます。彦根城は現存天守十二城の中の一つですが、登られた方はわかると思いますけれども、中に何もありません。安土城の復元を見られた方は、きらびやかですが、そういう状況は織豊期だけで、江戸時代にはいると、最後はなくなってしまうということです。ただ、彦根城の天守は築城されたのが慶長期だと言われていまして、外観はすごく古風です。望楼式になっています。廻り回廊がついていたり、千鳥破風や、唐破風が非常に多いものになっています。

膳所城は、絵図でしか残っていませんので、絵図を見る限りにおいては、四層の天守（口絵Ⅱ）に描かれています。これは層塔型といわれる江戸期の天守になっています。

いずれにしても、天守は形骸化されたものになっていって、儀式にも使われなくなり、谷口さんの話にあったように武器庫、物置小屋のようになっていくということです。天守自身は外から見るシンボリックなものになってしまうというお話だったと思います。
天守での政治よりも、藩主の政治は、むしろ表御殿の下の広い場所に移行していってしまいます。戦いすら知らない文化人にどんどんなっていき、最後は、文化人となることが武士のたしなみなのだというようになってしまいます。そのことが、発掘調査の状況でよくあらわれています。谷口さん、そういうことですね。

谷口　そういうことです。ですから、出土品などを見ましても、お茶道具などがたくさん含まれています。もちろん建物としても、茶室がずいぶん目立つようになります。各地で大名が茶人になりました。

例えば彦根藩でいいますと、十三代藩主の井伊直弼《なおすけ》は政治の世界ばかりが注目されていますが、直弼自身は、たいへん熱心に茶の湯を学んでおります。三一歳で石州流《せきしゅう》という茶の湯の一派創立を宣言し、弟子もたくさんいたという状況ですから、ほんとうは茶人になりたかったのではないかと思うのです。「江戸時代の大名は文化人」というイメージがもっと強調されていいのではないでしょうか。

徳川における井伊家、本多家の位置づけ

木戸　少し話が飛んでしまうのですが、膳所城の戸田氏どうなのでしょうか。何代かあいだを挟

むのですが、最終的に本多家に膳所城は渡されますよね。彦根城は最初からずっと井伊家です。他藩はかなり改易されたりして移動が激しいのですが、ずっと最後まで本多家と、井伊家が続きます。そういう意味でも、非常に戦略的に大事なところだったのですが。徳川家における井伊家や本多家の位置付けのあたりを、お聞きしておきたいと思います。

藤井　本多家の位置付けはなかなか難しいと思うのですが、井伊家というのは、関ヶ原の戦功もさることながら、「自分たちの意識は徳川軍の先手《さきて》である。だから、ことが起これば最初の軍陣で出陣するのは井伊だ」という意識でいるわけです。江戸時代の前半期、例えば京都でどんなことが起こっても、「そんなのはたいしたことはない。そんなところに出ていく必要はない。京都でことが起こったときには、周辺の中小の大名が集まって抑えればいいのだ。俺たちはもっと大きな戦いのときの先陣なのだ」という意識でいるのです。

ところが江戸の中期を越えますと、面白いことに井伊家は、「京都を守護する重要な大名だ」と自己主張を始めます。役割の意識も少しずつ変わります。たぶん、幕府側もそういう意識になるのだと思います。

例えば元和八年に、越前北庄の城主である松平忠直が謀反を起こすという噂が立ちますと、すぐさま陣容を整えて出かかるところまでいきます。これが井伊の役割であって、慶安事件、由井正雪の乱が起こったときに京都が騒動しますが、このときには「そんなものには行かない」とするぐらい、井伊家では先陣が大きな意味を持っていたということになります。

　戸田家と本多家は時期が違いますので難しいのですが、本多家は、京都に対して重要な役割を担わされていた一つの藩です。大和の郡山と、膳所の本多と、園部、篠山、四人ぐらいの大名が、京都の大名火消し番という名目で京都の警護をしています。

　必ずどこかの藩の一つは京都に交代で務めているのですが、大火だとわかると、それぞれのところから事実上は軍事編成で京都に入って、御所や二条城などを守る役割を果たしていました。すなわち、京都を中心とした周辺の大名が、京都守護の役割を果たしていました。

　何の役割もなく大名たちがこの周辺にいたのではなく、それぞれ一定の意味合いを自ら持ちながら、あるいは幕府から課せられながら動いていたということになります。

木戸　何もせずに、お茶や能だけの暮らしなのかというふうに、ちょっと思いかけてしまったのですけれど、やはり築城したときの意味合い、どの武将をどこに配置するのかということで、全体の国の政策が変わっていくというようなことも大切だと理解しました。
　豊臣期の場合は、最初に築城のうまい人間をお城に放り込んで、そのあと、出してしまってから、治世のうまい人間を送り込むということをしているわけですが、徳川時代では、信頼を置ける人間にずっと任せるということなのかなと、いまのお話を聞いて再認識させていただきました。

城下町の暮らしぶりと殖産《しょくさん》興業

木戸　谷口さんのお話を聞いておりますと、文化的な暮らしを中心にしているということだったのですけれども、先ほど中村さんのお話を聞いていまして、発掘調査の状況を見ていますと、どうも城主だけではなくて、どこまで浸透しているかという問題はあるかもしれませんけれども、家臣の文化レベルもかなり高いのではないでしょうか。発見されている茶道具や、焼物を見ていますと、城主とあまり違わない、近いものがかなり発見されているので、そういうことを思ったりするのですが。

中村さん、城下町から発見されている土器類で、どの地域のどういう焼物が主で、どれぐらいのもの、どういうかたちのもの、その特徴など、城下町の暮らしぶりがわかるようなもの。今回も展示されていますけれども、そのあたりをもう少しご説明いただけますか。

中村　調査で出土しました遺物でもっとも多いのは、事例報告のなかで言いましたように、陶磁器類であったわけです。磁器は、九州の佐賀県や長崎県にあたる肥前で作られた製品が、江戸時代を通じて全国にたくさん流通するわけですが、膳所城下町においても椀や皿といった食器などの製品がたくさん出土しています。陶器は、江戸時代の古いほうでは瀬戸や肥前の製品もあるのですが、だんだんと京焼、信楽焼の製品といったものが食器を中心に増えてきます。

出土遺物にどういう暮らしぶりがうかがえるかといいますと、先ほど説明のなかで挙げた、屋敷地にすむ人々の嗜好を示す碗や、食事の様子がわかる焼塩壷、屋敷内の様子がわかる土人形がありました。

それ以外で暮らしぶりがわかるものというと、建水や茶臼といった茶道具があり、その関係で言うと、江戸時代の中ごろになって使われだす急須などの煎茶の道具も出土しています。また、報告の中では触れられなかったのですが、直径が二、三センチほどの小さな紅皿や、髪結いの時に使われる道具で、整髪料を入れるための細長い楕円形をした鬢盥《びんだらい》という入れものなどの身だしなみの道具、そして筆立てや水差し、硯などといった文房具などが出土しています。こういったものが膳所城下町から出土しています。

木戸　今回の展示を見ていますと、彦根城の表御殿のあたりで出土している紅皿や文房具類などが、膳所城下町でも出土していますよね。

特に、織豊期だと、土器の色は黒色や、赤色、茶色という素焼きのものが普通で、残りの一割ぐらいが中国産の陶磁器になるのですが、膳所城下町や、彦根城表御殿の発掘調査の遺物を見ていますと、圧倒的にカラフルなもので、しかも国産品が多いですよね。

例えば城下町では、比良焼、姥ヶ餅焼、これは姥ヶ餅を載せたのですね。梅林焼、膳所焼などの近江の陶器が見られます。何れもカラフルで形も凝ったものが多いですよね。彦根では、湖東焼もつくられているわけですが、谷口さん、これらは藩窯と考えてよいでしょうか。

谷口　湖東焼をひとことで言うのは難しいのですけれども、最盛期は藩窯です。

焼物の歴史を簡単にご説明しますと、桃山時代以前は信楽などの焼締《やきしめ》陶器に代表されるように茶色を基調とした陶器の時代でした。ところが桃山時代になると、織部《おりべ》焼のように色調がカラフルで多様な形の焼物が誕生します。茶色一辺倒で実用本位だった焼物に、「あそび心」が加わるのです。

そして江戸時代に入ると、硬くて華やかな絵付けで知られる磁器が国産化されます。ただ、磁器は江戸時代の前期・中期までは、国産といいましても肥前とその周辺地域に限定的でした。磁器の技術が流出するのを防いで、独占的に営まれていたのです。

江戸時代後期になると、民衆の経済力が大きく伸張して、都市のみならず農村にまで陶磁器が広く普及していきます。中でも特徴的なのが磁器の普及でした。江戸時代中期まで肥前とその周辺に限られていた磁器生産の技術は、それが直接あるいは間接的に関わりながら全国に広がり、磁器を主体とした窯業地が各地に誕生したのです。

ただ、陶器と比べて磁器生産の技術ははるかに高く、その運用資金も高額でした。磁器生産に一介の商人が関わるのはなかなか大変なことだったのです。それを藩がやる。藩が磁器生産の経営に直接乗り出した窯を藩窯と呼んでいます。

江戸時代後期ともなると、どちらの藩も藩財政は窮乏し、新しい財源を求めて「殖産興業」政策がさまざまに展開されました。各藩では領内の特産品の生産、つまり地場産業が保護奨励され、その販売によって財政の再建が計られたのです。藩窯の多くも、実はそうした意図の下に生まれたものでした。

湖東焼もその一例です。湖東焼は、創業当初は民間の経営でしたが、経営難を藩に託すかたちで藩窯になりました。藩窯湖東焼は日用品を量産する一方で、湖東ブランドを生み出し、今でもまぼろしの湖東焼として珍重されています。

このように、江戸時代後期になり民衆の経済力が大きく成長すると、磁器などの多様な焼物が流通するようになります。民衆の生活が豊かになったということでしょう。

木戸　ちょっと湖東焼を代表にしました。たぶんこれは国ごとに全部同じような状況、谷口さんは地場産業とおっしゃいましたが、いわゆる特産ですね。国の名物みたいな商品がどんどん生産されていくというようなかたちです。それが、いわゆる城下町のなかで経営されていくというのです。平和になっていって、文化が高くなってきて、経済が隆盛していくと、そういう状況になっていくということのご説明だったと思うのですが。

「城と城下町」というのがテーマになっていますので、城の意味合い、なぜ城が必要なのかというところから始まりまして、いまの城下町の話、暮らしぶり、それから、その城下町の最終的な意味合いというお話で、谷口さんに、いま湖東焼を使って少し説明していただきました。

各藩の財政

木戸　先生、この治安の安定が、最終的には生産流通に多大な影響を及ぼし、経済が大きくなり、人口も増えたりすると思うのですが、藩主は最終的にそういうところに力を注ぐことになったということなのでしょうか。

藤井　江戸時代は、前期に比べれば一般の庶民、あるいは百姓も含めて豊かになってくるという側面はあるのですが、いまと同じように大名たちはものすごい借金をしているのです。幕末になると、少ないところでも一年間の収入の二倍から三倍、ひどいところだと十倍ぐらいの借金をしておりまして、現在の日本とよく似ています。しかし、大名はつぶれないという、国とよく似た構造で動いているという点は、ときどき考えさせられるのです。

大名はそういうことを推進したのかというと、どうもあと追いをしながら対応していたというのが実態ではなかろうかと思います。ときおり名君と言われる、非常にことがらをうまく処理して、その地域、あるいは藩内を豊かにする人々が出てきたことも事実だと思いますが、すべての大名がそうであったかというと、なかなかそうは言いにくいと思います。

いま、『彦根市史』の編纂の仕事に携わっていますが、彦根藩について言うと、比較的優良な大名のようでして、あまり借金が大きくないなというのが私の印象です。彦根藩というのは、百姓一揆がなかったと言われる領域なのです。それにちょっと近い積銀騒動というのがあるのですが、全藩領を覆うような一揆が起こったこともないということからしても、比較的安定していた藩だと思います。

だから、一個一個の藩は、それぞれのところでいろいろ考えてみないとわからないところがあると思います。彦根も、本多の後半も所領が変わらないというのが大きいかもしれませんが、動いた大名はたいへんなことがしばしば起こっています。

天保の改革をやった水野忠邦は、藩主になったときに肥前唐津にいるのですが、幕府で昇進したいというので、浜松に強引に転封を願い出るのです。大名は勝手に動かされるというふうに言われますが、逆に動かしてもらいたいという人もいて、動いてくるのです。そのためにも多額の金を使う。唐津の収入より浜松の収入のほうが悪いのですが、それでも幕府の要人になりたいという気持ちで浜松に移ります。そうすると、国元で必ず騒動が起こります。

忠邦は、国元をほとんど放ったらかしで、幕府で昇進を願ったということになりますので、大名、藩といっても、様々だとまず思っていただいて、お考えいただいたほうがいいかと思います。

まとめ

木戸　ありがとうございました。まさしく徳川三〇〇年であります。現代に続く歴史まで三〇〇年ありますので、どうも一時間ぐらいではなかなか話し切れないようです。もうぼちぼちと時間がまいりましたので、このあたりで「城と城下町」のシンポジウムをまとめさせていただいて、終わらせていただきたいと思います。

まず、慶長十年ぐらいまでは、実は戦国色が非常に強く残っていまして、家康もそれを考えながら城の位置を決め、築城したしかも近江をその基盤としたということが一つのポイントでした。そのあと、落ちついてきて、平和な時代が迎えられ、文化や経済が隆盛して城主の暮らしぶりや城の使い方も代わっていくのが徳川の時代なんだということでした。

それでは最後にひとことだけになるかと思いますけれども、今後の研究の展望とか、感想でもよろしいですが、お話ししていただければと思います。

では、中村さんからお願いします。

中村　私のほうは膳所城の調査の成果をお話ししたのですが、発掘した感覚で言いますと、遺物や出土物が多彩で、非常に豊かな暮らしぶりがうかがえます。こういったものから、当時の人々の暮らしぶりを知ることができる、復元することができるという意味では、こういう発掘の史料は、江戸時代の歴史にとって、非常に大切な資料ではないかと思いました。

谷口　彦根は、城下町全体を発掘調査する体制は、残念ですがまだできていません。発掘があると開発が阻害されると受け止められがちなのですが、あまりマイナスイメージでとらえないで、発掘で出てきた遺構を、どうすればまちづくりにうまく活用できるのかという発想が大切だと思っています。

彦根は築城四〇〇年祭を開催中ですが、世界遺産の暫定リストにも登載されておりまして、さらに大きく世界遺産をめざしています。そういう意味では、城下町の発掘調査、建物調査、文献調査など、もっといろいろな調査手法を取り込んで、彦根のまちづくりをやっていかなければいけないと考えています。

藤井　いろいろ話させていただきました。ただ、質問をたくさんしていただいたのですが、答えが充分でなかった点をおわびしたいと思います。

一つだけ、大久保長安が報告したのは家康ではなくて、秀忠ではないかというご質問があったのですが、本多正信は、慶長十年に秀忠が将軍になる前は家康付きの年寄で、慶長十年以降は秀忠付きの年寄になりますから、おっしゃることはわかるのですが、これは慶長九年の史料ですので、家康のもとで正信は活動しており、報告を受けたのは家康とせねばなりません。この点は、ひとことおことわりをしておきます。

また、いくつか、急いで説明したために不充分な説明に終わってしまいましたが、その点はお許しいただきたいと思います。

木戸　どうもありがとうございました。それではこれでシンポジウムを終わりたいと思います。拙い進行にもかかわらず、長い間、みなさま清聴ありがとうございました。パネラーのみなさんに、今一度厚い拍手をお願いいたします。

第二部

江戸城・金沢城とその城下町

一　発掘された江戸城と城下町

東京都教育委員会　古泉　弘

ご紹介いただきました古泉と申します。よろしくお願いします。

実は一昨年、秋田に同じような話をしに行ったことがあるのですけれども、前日に来いといわれていまして、前日に出かけたのですけれども、その時は記録的な大雪になりました。東京から盛岡経由で秋田まで行っている新幹線が、盛岡で止まってしまいまして、それでどうしようかなと思ったのですけれども、そうしたら何とか代行バスが出まして、雪の中を四時間かけてたどり着きました。

そういうことがたまに私のまわりには起こるようで、今回も台風が来てだいぶみなさんにご心配をかけたそうで申しわけなかったのですが、私、今回も昨日のうちにこちらの近くまで来ておりましたので、無事に到着いたしました。

今日お話をすることですけれども、初めに二点ほどお断りをしておかなければなりません。一

つは、今ご紹介いただいたとおり、テーマが「江戸城と城下町」となっておりますが、ご案内のように江戸城というのは、中心部の大部分が宮内庁の所管になっていて、一部は皇居になっております。

それから、残りの部分については環境省の所管になっておりまして、何か土をいじるというような事業がないわけではなく、そうしたときに小さな発掘調査なども何度かおこなわれています。しかし、そういう事情もありまして、なかなか報告書を目にすることも少ないのです。したがって、江戸城については、考古学の側からお話できることは、現時点では非常に限られております。ですから、今日のお話は、むしろ城下町の方が主体になるというふうにご理解をいただきたいと思います。

ただ、江戸城の範囲がどこまでかというと、いろいろな考え方がございます。現在皇居や東御苑になっている中心部分はもちろん江戸城ですけれども、城下町を含んだ、いわゆる惣構も城の一部であるという考え方もありますので、本日はトータルな江戸城、または江戸の市街ということでお話をさせていただきたいと思います。

それから、もう一点ですけれども、私は「埋蔵文化財」を担当しておりまして、特に江戸時代の発掘調査にかかわっております。江戸に関係する著書も出しておりますが、本来、近世史とか江戸の歴史とかについては専門ではないのです。やはり考古学の方が専門でありまして、そちらからみていくというのが本業なわけです。

ただ、今日のお話で、江戸の話をしなければいけないので、ご存じの方も多いかと思いますけれども、話の都合上、適宜江戸についての基礎的な説明をしなければなりません。私の専門から本当はちょっと外れるのですけれども、そのへんは知ったかぶりをして説明をしながらお話を進めさせていただきたいと考えております。

話の内容でございますが、大きく七つに分けます。まず江戸城と城下町の構成——江戸とはどういう都市であったかという総体的なお話をさせていただきたいと思います。それから、江戸城にかかわる若干のお話。

次に、江戸の大きな特徴の一つとして、全国の大名が集まっていたということがございます。そこで、大名屋敷——藩邸がたくさんあるわけですけれども、そのあり方などについて若干ご説明したいと思います。

さらに、旗本、御家人といった将軍直属の侍がいるわけで、そういった武士たちの屋敷、その他についてお話したいと思います。

それから、幕府は人々を管理するために寺院を利用します。そのために近世寺院の特徴の一つとして寺院内に墓地が設けられますが、発掘調査からわかるその辺の様子をご紹介します。

そして、武士たちの利用に応えるべく町人が活躍をします。江戸は、武士の都としてつくられるわけですが、長い間に、次第に町人が力をつけていきます。そして、町人文化が江戸の大きな特徴になっていくわけですが、では町人はどのような屋敷に住んでいたのかというようなことをご説明したいと思います。

最後に、その江戸がどんどん変化を遂げていって、非常に大規模な都市になって、そして東京に移り変わっていくことを少しお話して締めくくりたいと考えております。

江戸城と城下町の構成

江戸の成立に関しては、それ以前からの城郭建設の積み重ねがあったと考えられます。立派な構造をもって、近世の城郭として初めに造られたのは、おそらく安土城だろうと思います。お城の構造、その他は江戸城とはまったく異なりますけれども、やはり安土城は、信長が天下を取りかかったところで、全国制覇を視野に入れた城郭だと思います。したがって、その城下町もかなり整備したのだろうと思います。城下町の様子はまだそれほどわかっていないようですが、城の中に家臣の屋敷を取り込むというようなことをやっているわけです。

こういう近世の城郭・城下町の構成は、戦国時代から打ち続く戦争があるのですけれども、戦闘の際に武将をどのように配置するかという、いわゆる陣形と関連があったと思います。その陣形がかなり恒常的な配置につながっていき、近世の城郭・城下町の構成につながるということです。

その一つの例として、肥前の名護屋城があります。現在は佐賀県の唐津市になっていると思いますが、いうまでもなく、秀吉が朝鮮に出兵した時に、日本軍の発進基地として築いた非常に大規模なお城でございます。

名護屋城は、玄界灘に面して朝鮮をにらんだ城だったのですが、秀吉の死後すぐに破却されております。お城を中心として、そのまわりにたくさんの家臣団を配置しております。こうした構成は、おそらく近世の江戸などの城下町の前身として考えてもいいのではないかと思います。秀吉が急に亡くなって、朝鮮出兵が取りやめになって、そして、名護屋城が破却されたのですが、もし撤退がなかったとすると、おそらく名護屋城の周囲には非常に大規模な城下町が成立していたのではないだろうかと考えられます。

それともう一つは、やはり戦国時代から継続していることでございますが、人質の制度です。大名が服属をするという証として人質を差し出します。その人質を城下に住まわせることになります。そうしますと、その人質を住まわせる屋敷を、城下に配置しないといけない。直属の武士の配置と重なり合って、城下町が大規模化したのだろうと考えられるわけです。これらのことが完成したのが江戸の姿であると考えます。

近世とはどういう時代かというのは、人によって少しずつ考え方は異なりますけれども、封建制度が完成した姿であるととらえる考え方があります。そうしますと、その完成を具体的に示した姿が江戸であると私は理解しております。

江戸の外観をちょっと眺めてみましょう。近江には膳所城、彦根城など、水に面した城がいくつもございますが、江戸も実は家康が入国したころまでは、城下に海が入ってきておりました。

写真１　江戸の模型（東京都埋蔵文化財センター提供）

それを埋め立ててまちづくりをしたという都市であります。

江戸城は本丸を中心として、東に二丸、三丸と続いています。本丸の西には吹上という郭が配されています。一帯は現在皇居となっております。それから、吹上から続く現在の北丸ですとか、あるいは西丸を含んだ地域がお城としての一大中心地であります。それからさらに低地に下がって、西丸下郭、大名小路郭ですとか、そういう郭が取り巻いていくという構成になっています。（写真1）

江戸の地域は、地形的に見ますと、西側が台地になっております。標高がだいたい二〇メートルから三〇メートルくらいです。東側は低地ですが、台地と低地の境は崖になっておりました。家康が入部したころは、海がこの崖線の近くまで入り込んでいたのです。

海には半島状に突き出た部分がありました。この低地部には町屋が広がっておりました。低地の中の、もともと陸地であった場所に町屋を割り付けたのです。その他の部分は徐々に埋め立てられていきまして、いろいろな屋敷が割りつけられたのです。

台地直下まで入っていた海は「日比谷入江」と呼ばれる入江で、その東の半島状に突き出た陸地は「江戸前島」などと呼ばれておりました。この江戸前島に初期の町屋が割りつけられたのです。江戸城の中心部は日比谷入江の西側の台地の端に位置していたのです。したがいまして、江戸の市街をつくるにあたっては、埋め立てなどの非常に大規模な土木工事がおこなわれております。

その一例をちょっとご紹介したいと思いますが、港区に汐留地区というところがございます。現在、シオサイトという大規模な施設になっておりますが、もともとは鉄道用地でありまして、日本で最初に開通した鉄道の起点である新橋駅などがあった場所です。範囲としては、かつては海に面した場所であったのです。

そこを東京都埋蔵文化財センターが発掘したのですけれども、その地域は、江戸時代には播磨の龍野藩脇坂家の上屋敷、それから、陸奥の仙台藩伊達家の上屋敷、さらに会津藩保科家の上屋敷などが並んでいたのです。この広い範囲が発掘調査されたのです。

そうすると、それらの大名屋敷を造成するための埋め立ての遺構などが出てまいりまして、埋め立ての方法がだいぶわかってきました。直線的な区画がいくつも発見されたのです。詳しい話

写真2　汐留遺跡から検出された土留板柵遺構（東京都教育委員会提供）

をする余裕はありませんが、それらの区画の多くはそれぞれ異なった時期に設定されたのです。この区画というのは土留めの遺構でございます。

基本的には陸側の方から少しずつせり出すように土留めをいたしまして、その後方に土砂を入れていくという方法で埋め立てが進んできている様子がわかってきました。単に海岸に土を入れただけでは、すぐ波に洗われてしまってなかなか埋め立てが進まないわけですが、まず土留めをつくって、その間を徐々に埋めていくという方法であります。

土留めには四通りほどの方法があることがわかりました。第一にしがらみ状の土留め、第二に板柵による土留め、第三に石組みによる土留め、それから第四として、筵を用いて土砂を覆っていく技法が知られております（口絵Ⅶ・写真2）。

しがらみ状の土留めは、杭を打ち込みまして、そしてその杭を編むようにして、竹をしがらみ状にして土留めにします。板柵による土留めは、杭を斜めに打ち込んで板を当てます。杭と板は陸地側に傾け、その間に土を入れて埋め立てるのです。これらは細部を見ますといろいろなテクニックがありまして、陸地側にも斜めに控えの杭を入れたりするのですけれども、いずれにしましても、こういう方法によって、少しずつ埋め立てをおこなっていったということがわかっております。

それから、埋め立てたのは海岸だけではなく、いたるところに低湿地があるのです。谷地形といいましょうか、地盤の悪い軟らかい地形、そこに町を割りつけるというようなときは、田んぼの土のように非常に軟らかいところですから、やはりその土地を改良しないと建築ができないために造成をいたします。

文京区に後楽園――水戸藩邸の庭園――がありますが、その近くの小石川牛天神下というところで、本目さんという旗本の屋敷跡を発掘しましたところ、四角い土蔵の跡が二棟分検出されました。

彦根城などでも土蔵跡の検出例がありますけれども、だいたい布掘りして石を詰めて、それを基礎にしているわけです。江戸でも台地の上の地盤の良いところでは同じような工法を取っているのですが、土蔵は非常に重いので、谷地形のような地盤の悪いところでは、その石だけですと、建物の重さに負けて不等沈下を起こしてしまうため、いろいろな工夫をしているのです。

小石川牛天神下で検出された土蔵はその一つの例なのですが、これは「樽《たる》地形《ぢぎょう》」と呼ばれる蝋燭地形の一種で、いらなくなった樽の中に土や石を詰めて埋めるのです（写真3）。実はこの樽

写真３　小石川牛天神下（都立文京盲学校地点）から検出された土蔵基礎
（東京都教育委員会提供）

の下にも、材木が敷かれていたり、石が置かれていたりといろいろ複雑な構造となっているのですが、いずれにしてもこういう基礎をつくりまして、その上を整地して、全体の沈下防止をしていたわけです。

この地域全体も、いったん軟らかい地盤の上に土を盛って造成しているのです。もともと近世初期までは、非常に軟らかい土が谷に堆積しており、その上部は水田として使われていたのです。

今回の話とは直接関係はありませんけれど、この遺跡の断面をみると、下から砂が波打つように舞い上がっているようにみえます。これは地震の痕跡で、いわゆる液状化現象とみられます。その上に一メートルちょっと、硬い地盤改良の痕跡がみられます。江戸時代になって盛り土をしているのです。そし

写真4　小石川牛天神下（都立文京盲学校地点）から検出された水田遺構と足跡（東京都教育委員会提供）

てその上に、先ほどお話したような土蔵ですとか、そのほかの建物を建てているということでございます。

同じ場所を上から見ると、地表に小さい皺がたくさん見えます。水田の跡です。畝などもありまして、水田跡の表面には一面に人の足跡がついていたのです。最後の水田耕作の時に、お百姓さんが最後に刈り入れをおこなったときの足跡なのです（写真4）。

これは何を意味しているかというと、放っておくとこの足跡は、風雨に晒されてどんどん失われます。ところが、足跡が印された直後に、一気に土を盛って埋め立てた場合、埋め立てた土砂に覆われて足跡が残るのです。だいたい一七世紀の半ばくらいのことなのですが、水田だったところに一気に土を盛って整地をしていった。こういうところが、谷地形の各所で見られます。ですから、こういう低湿地を埋め立てる盛り土というのも、江戸の大きな土木事業の一つであります。

話がちょっと前後しますが、江戸の土地区分についてお話しておきたいと思います。江戸の市街がどのように構成されているかということでございます。よく、江戸城を中心にして右らせん状、あるいは「の」の字状に、堀が回っていたといわれます。そして外堀の先端は隅田川につながり、さらに隅田川は江戸湾に注いでいました。ですから、堀と川と海によって防御ラインを巡らせていたわけです（写真1）。

この右らせん状の都市構成は、これは意図的に設計したのだという人と、結果的にそうなっただけだという説がありますが、いずれにしても結果的には、右らせん状の構成になっていたのです。

江戸の市街は江戸の本城を中心として、大名屋敷、将軍直属の武家屋敷、寺社、町屋、幕府関連用地などから構成されています。これらの配置はそう単純ではないのですが、ある程度の傾向はみて取ることができます。大名屋敷は江戸城の中心部を囲むように、特に東側から南側に集中している部分があります。このへんはだいたい上屋敷が多いのですが、そのほかの地域にも散在しています。下屋敷などは、江戸城から離れた周縁部に分布する傾向があります。

それから、旗本、御家人といった将軍直属の家臣ですが、そういった人々の屋敷は、江戸城の北西部一帯などに集中する地域があります。

寺社ですが、江戸の周縁部に大寺院が配置されます。中小規模の寺院は一定の地域に集中します。町屋は先ほど申しましたように、初期には城下の東南部に割り付けられ、後々まで江戸町の中心として機能しました。

明暦年間くらい、だいたい一七世紀の半ば以前の江戸の範囲は、おおよそ外堀に囲まれた範囲であります。江戸時代の前期では、これがいわゆる江戸の総郭ということになります。それ以後、市街地はだんだん広がって、「大江戸」が成立するのです。

初期のころの江戸の姿ですけれども、このころはまだ桃山文化の影響を色濃く残しておりまして、国立歴史民俗博物館にあります『江戸図屏風』に描かれた大名屋敷は、いずれもきらびやかに装飾されています。

外桜田にあった松平伊豆守邸――上屋敷が芝口に移る以前の伊達家の屋敷ですけれども――では、屋根の破風の装飾に金が使ってあったり、金箔瓦を随所に使ったりしている様子がうかがえます。このように非常に派手な、絢爛豪華な建物が競い合って並んでいたといわれます。これが当初の姿であります。

しかし、明暦三年（一六五七）に、振袖火事と呼ばれる大規模な火事が起こり、江戸の六割方が焼けてしまいます。それからまた、再建が行われるわけですけれども、それからは、こういうきらびやかな建物は姿を消していって、もっと地味で落ち着いた町並みになっていったといわれております。

伊達家の上屋敷は、その後芝口に移ります。これは先ほどお話した汐留遺跡の中に当たります。

汐留遺跡は非常に広い面積を発掘したのですが、伊達家の上屋敷がほぼ全域発掘されました。伊達家の上屋敷の御殿は、密集して建ち並んでいるという状況が確認され、表門の跡も検出されました。ちなみに、汐留遺跡からは明治の新橋駅時代の駅舎やプラットホーム、あるいは転車場の遺構なども検出されております。

江戸城―近世最大の城郭

次に江戸城の話を若干、したいと思います。近世の江戸城というのは、徳川家の城でありまして、徳川が天下を取ってからは、全国一の規模を誇る城郭になりました。したがいまして、土木、それから建築の技術の粋を凝らして建設がおこなわれました。

石垣もいたるところに使われております。打ち込みハギといわれるような石垣を、そのまま使っている場所もありますけれども、主要な部分は、いわゆる切り込みハギという技法でつくられています。石と石のあいだにまったく隙間がない、ぴたりと合わせながら積んでいくという技法です。これは石垣の技法の完成された姿といわれています（写真５）。

江戸を訪れた外国人が、江戸城の石垣を見てたいへん驚嘆しています。漆喰とかセメントとか、そういう膠着材を使わないで、石の輪郭を合わせるだけで、大規模な隙間のない石垣を構築しているという技術に感嘆しているのです。土木技術は、戦国時代末から戦争によって培われた技術をとおして、急速に発展していったのだろうと考えております。

写真５　江戸城の石垣

本丸の北端に天守がありました。実は、江戸城の天守閣は二度の建て替えと一回の大改修が行われています。その後、先ほど申しました明暦三年の振袖火事で、天守閣が焼け落ちてしまった後に、さらに建て替えようとしたのです。振袖火事の折に、天守の一番上の窓が開いてしまって、そこに強い北風が吹いてきて、火の粉が天守閣の中に入ってしまって延焼したのです。その燃える時がすさまじかったようです。つまりは、天守閣は煙突みたいな構造ですから、そこに火の手が入って一気にボッと燃え上がったという記録がございます。

江戸城は非常に規模が大きく、天守閣の規模ももちろん大きかったわけです。もうそのころ、天守閣がどのくらい機能していたかということがございますけれども、やはり天下を取った徳川氏が、その勢威を天下に示すという象徴的な意味があったのでしょう。全国の大名に威光を見せつけたかったのだろうと思います。

明暦三年の火事で天守閣が焼けてしまって、再建計画が持ち上がってきました。それに基づい

写真６　江戸城天守台跡

て場所をずらしてつくられたのが、現存する天守台であります（写真６）。ところが、天守台まで出来た段階で、再建計画は中止されてしまったのです。ですから、現在残る天守台の上に天守閣が建っていたと想像するのは間違いであり、これ以後天守閣は再建されなかったのです。

明暦の火事は三代将軍家光の時代のことですが、そうしますと、徳川氏がもうそんなに勢威を示す必要もない、天下がすでに安定しているので、無駄な出費は抑えた方が良いのでは、ということで、天守閣をつくるのをやめてしまったのだろうと思います。ですから、城郭そのものが時間の経過にともなって、その存在意義を変えていくということがいえるのではないかと考えられます。

江戸城の発掘調査はあまり行われていないと申しましたけれども、最近、少しずつ調査はおこなわれておりまして、地下の様子が多少わかってき

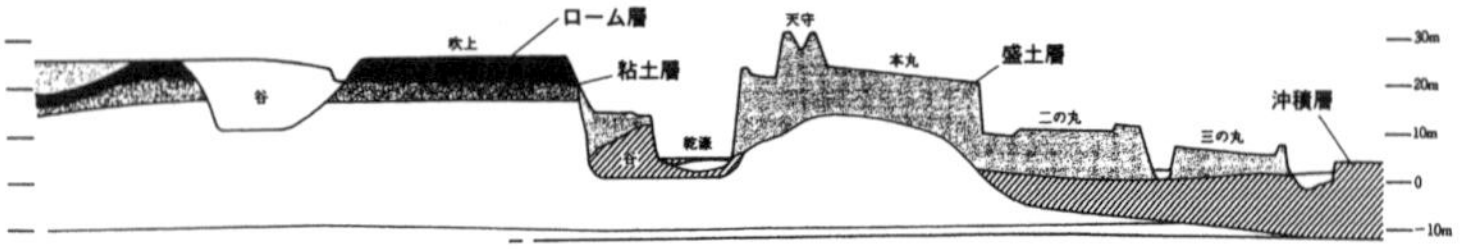

図１　江戸城の推定断面（千代田区教育委員会『江戸城の考古学』）

ました。江戸城は標高二〇〜三〇メートルの、武蔵野台地が東側に下がっていく縁を中心につくられているのです。ですから、江戸城の中心部分は、台地の縁をうまく利用して、あとは周りを削ったりして、それでつくられていたのだろうと考えられていました。

ところが、最近の発掘成果をもとに、千代田区の後藤さんなどが江戸城の東西断面を推定しているのですが、どうも、その江戸城のどこを掘っても上の方に非常に厚い盛土層がある。一、二メートルどころではなく、三メートル、四メートルあったりするのです（図１）。

本丸の一番北側に、宮内庁の書陵部があります。その書陵部の庭を宮内庁書陵部が発掘したことがありますが、そのときも二メートルほど掘っても、まだ地山——東京の場合は関東ローム層ですが——が出てこないのです。盛土が深くまで続いているのです。どうもおかしいなということでしたが、そういう状況がいろいろなところで続いているわけです。

そうすると、ある程度、台地の縁と低地を利用していますけれども、それだけではなくて、かなり大がかりな盛土をして、現在の江戸城がかたちづくられているということがわかってきました。おそらく谷地形を利用して堀を掘りますけれども、その堀の揚げ土などを利用して、造成に用いるというようなことがおこなわれていたと考えられております。

一方、豊臣氏が築城した大坂城も、現在みられる姿は、江戸時代になって徳川氏が再建したものです。これもよく発掘調査の成果として取り上げられていることですが、豊臣の大坂城が落城後、徳川氏が大坂城を再構築するわけです。その際に、豊臣時代の大坂城をいったん全部埋めて覆ってしまいます。「埋め殺し」といわれております。

豊臣時代の城を埋めてしまって、ひとまわり大きくして、そして非常に大きな天守閣をつくったといわれております。発掘をすると、現在の大阪城の下の方から、豊臣時代の大坂城の遺構が出てきたり、あるいはさらには、その前身の石山本願寺の遺構が出てきたりということもあります。

これなども、やはり徳川氏が、豊臣氏を倒して天下を取ったんだということを誇示することに利用したのでしょう。ですから、お城、特に近世初期の城は、そういった権力の象徴的な意味がかなり強かったのではないかと考えております。

大名屋敷

次に大名屋敷の話をしたいと思います。全国の大名を江戸に集めるということで、大名屋敷の屋敷地を割りつけるわけです。大名の側からいえば幕府から土地を拝領するわけであります。

大名屋敷には大きく、上屋敷、中屋敷、下屋敷というようような別がございます。上屋敷は、大名家の政務の中心で、藩主の住まいを兼ねているという場所であります。江戸の本城直下に大手前郭や、西丸下の郭が配されていますが、このあたりに上屋敷がかなり集中的に配置されています。

それから、江戸からは五街道が延びておりますけれども、江戸の外縁部の街道の出入り口付近の要衝を押さえるように、外堀の外側に、将軍家と非常に縁の深い大名家が配置されております。紀州の徳川家、尾張の徳川家、水戸の徳川家といった御三家の上屋敷は、いずれもこうした場所に位置しています。尾張藩上屋敷の跡は、今は防衛省の敷地になっています。

中屋敷は上屋敷に何かがあったときに、緊急避難的に使う場所であったり、あるいは隠居した藩主らが住んだり、あるいは藩主の跡継ぎが住む上屋敷に次ぐ屋敷であります。さらに下屋敷は、中屋敷にも何か異変があった時に利用したり、蔵を建てて、食料の貯蔵をしたり、それから、別荘地として庭園をつくって愛でるとか、そういういろいろな用途に使われます。ですから、上屋敷、中屋敷、下屋敷とみていきますと、やはりその重要度の順に、だんだん江戸の外側に向かって配置されているという傾向がみられます。

江戸は西側が台地、東側が低地になりますが、低地部を南北に流れる隅田川を挟んだあたりにも、たくさんの下屋敷が分布しています。隅田川沿いの屋敷は、蔵屋敷と申しまして、国元などから物資を運んできた船が荷揚げをし、屋敷内の蔵に保管・貯蔵する。そういうことにも利用されます。

それから、中心部から見た川向こう、墨東地域ですが、今ですと低地は、あまり良いイメージがもたれないことが多いのですけれども、当時はむしろその水辺の景観が好まれて、わざわざ水辺の景観を愛でるために、別荘地的に屋敷を設けて庭園をつくるというようなこともおこなわれていたようです。

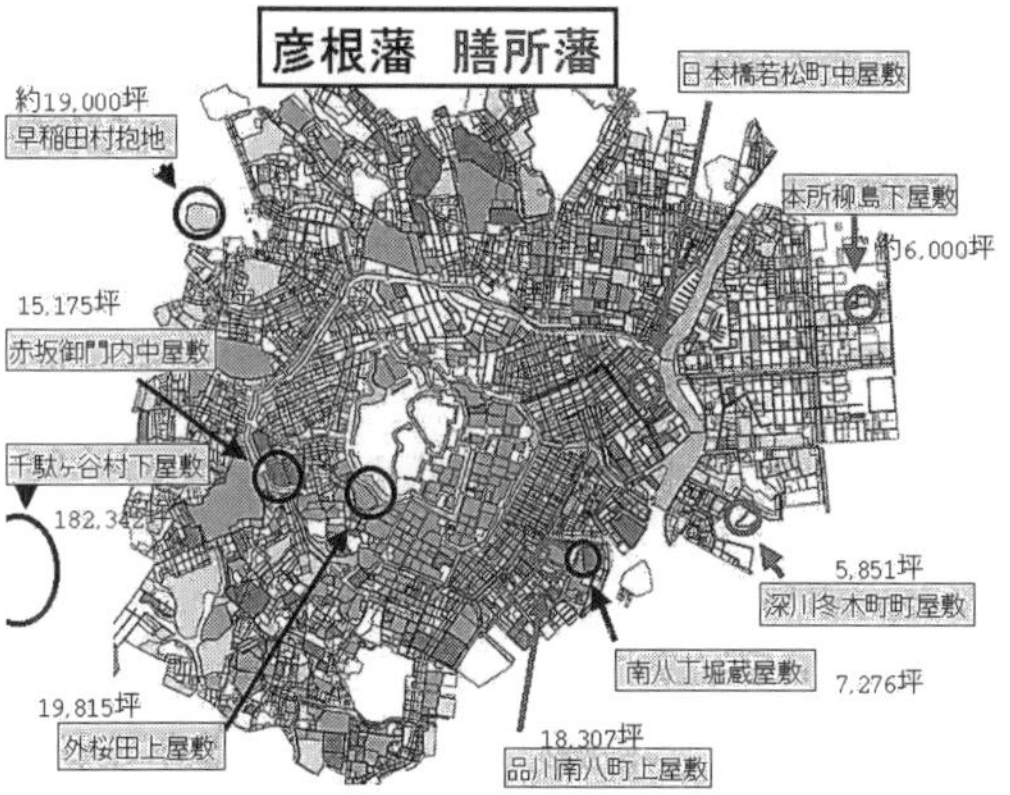

図2　彦根藩邸と膳所藩邸の分布　「江戸中心部における大名屋敷の分布」
（東京都江戸東京博物館『参勤交代』）を一部改変

今回の特別展で、近江の彦根藩と膳所藩が取り上げられておりますが、両藩とももちろん江戸に屋敷を構えているわけです。大名屋敷は、実は江戸時代でもかなり移動があります。特に初期のころは、屋敷替えなども頻繁におこなわれているので、すべてを網羅すると煩雑なのですが、後期にはおおよそ図2のような配置をみせております。

彦根藩井伊家の場合は、桜田に上屋敷がありました。これが一万九八一五坪。それから、赤坂門内に中屋敷があります。これが一万五〇〇〇坪ちょっとです。それから南八丁堀に蔵屋敷があったりします。

早稲田に抱地を所持していますが、基本的に屋敷は幕府から拝領するものなのですけれども、周辺部では村から自らが買い取って、屋敷地にするというようなこともおこなわれておりまして、それがこの抱地ということになります。

すごいのは千駄ヶ谷村に下屋敷がありますが、これがなんと一八万二二四二坪という広大な面積を持っています。これはいまの明治神宮一帯であります。ちょっと暇があったら地価を調べて、いくらくらいの不動産価値があるか計算してみようかと思ったのですけれども、今だったら全体でたいへんな不動産を所持していたことになります。

もう一方の膳所藩本多家ですが、膳所藩の方はどういうわけか、屋敷が皆低地部分にあるのです。これは面白いと思います。品川南八丁町というところ――これは品川区の品川ではないのですが、――に一万八〇〇〇坪あまりの上屋敷があります。ちょうどこの膳所藩の上屋敷と、彦根藩の南八丁堀の蔵屋敷が隣り合っているのです。どういう理由かわかりませんが。それから、冬木町や柳島などに下屋敷がありました。

このようなことで、江戸と国元というのは、幕藩体制をとっていた時代には大いにかかわりがあったわけですけれども、現在でも江戸で大名屋敷の発掘調査をしますと、国元で、この江戸屋敷に関する史料が残っていないかなど、いろいろお世話になって調べさせてもらったりするわけです。どうも、近江の国の大名については、江戸屋敷の発掘例が少ないので、そういうことがまだあまりないようですが。

ここで上屋敷の構成について、ちょっとみてみたいと思います。加賀藩の本郷邸は天和三年（一六八三）から上屋敷として使用されています。いうまでもなく、加賀藩の本郷邸は、現在東京大学のキャンパスになっています。金沢城の調査成果は、次回に講演されるということですけれども、江戸の加賀藩前田家の本郷邸も、金沢に絵図面が残されています。絵図面に描かれた庭園の池は、いまの三四郎池の前身であります（図3）。

東京大学の吉田伸之さんは、大名屋敷は御殿空間と詰人空間に分けられるとおっしゃっています。御殿空間には大きな建物が密集して建ち並ぶとともに、広大な庭園が設けられています。その御殿空間の外側には、細長い建物が何棟も並んでいます。これらが建ち並ぶ空間が、詰人空間と呼ばれているところでありまして、家臣団が居住していた屋敷群があります。細長い建物とは長屋形式をとった家臣たちの住居なのです。一つの棟を細かく区切って、家臣たちを住まわせていたのです。

屋敷の外郭部分にも長屋が続いております。長屋塀と呼んでいまして、塀を兼ねています。長屋塀に家臣を住まわせて、防御を固めているわけであります。加賀藩本郷邸は、一九八四年頃から、東京大学が少しずつ発掘調査をおこなっておりまして、いろいろな成果があらわれております。

いま大名屋敷には、御殿空間と詰人空間があると申しましたけれども、御殿空間には、いわば「庭園空間」とも呼ぶべき空間が備わっています。先ほどの汐留の伊達家の発掘調査によって、その庭園とおぼしきものがみつかっております。あまり建築物が見当たらない空間です。

江戸時代の伊達家の上屋敷の庭園を描いた絵図がありまして、そこには池が描かれています。

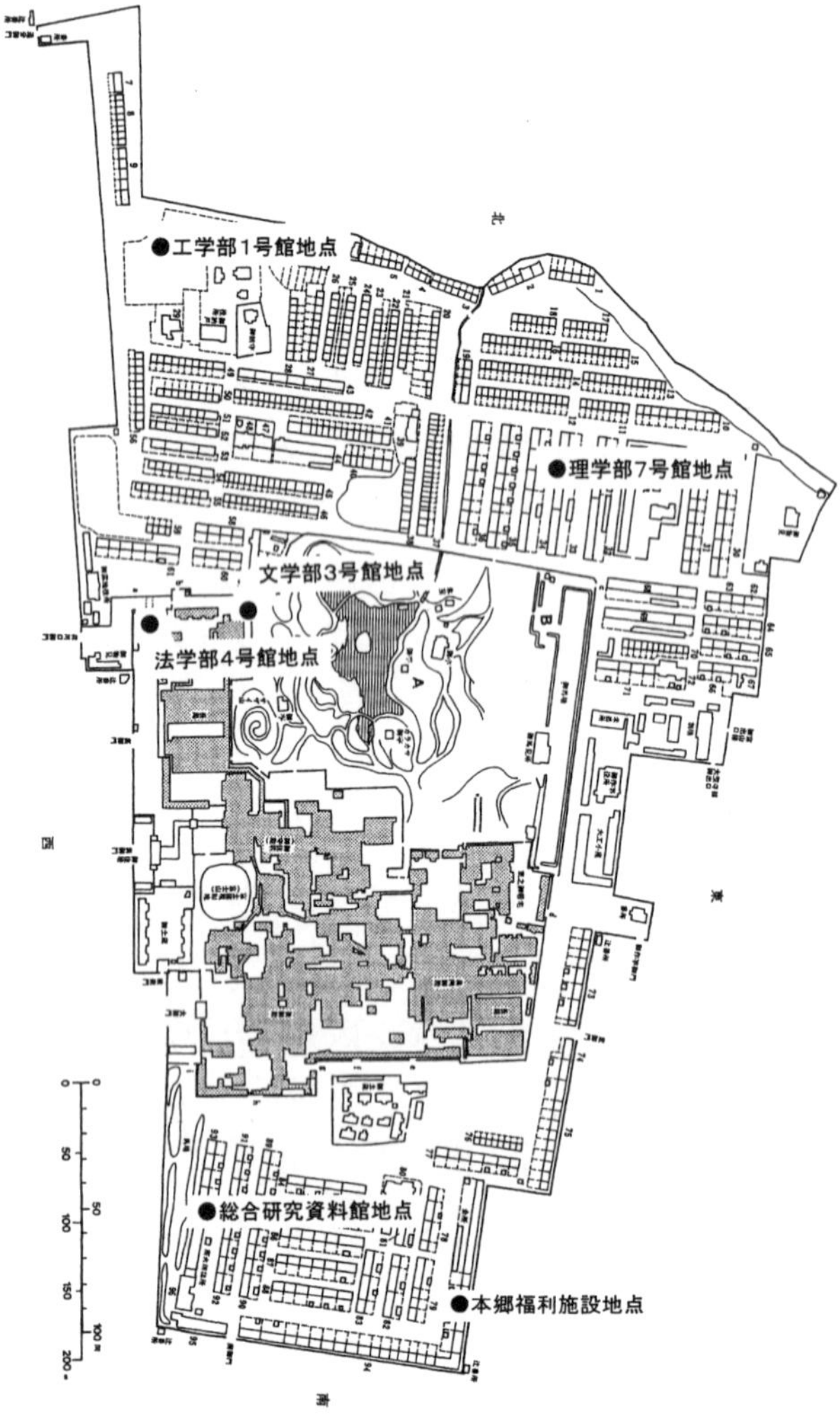

図3　加賀藩本郷邸の屋敷配置（西秋良宏編『加賀殿再訪』）

池には橋が架かって、築山もあります。もともと低地で平らな土地ですから、築山などは全部盛り土でつくられているはずです。おそらく、この池を掘った土を盛って、築山をつくっていたのだろうと思います。

発掘調査の結果、この絵に描かれていた池が出てきました。最大で長軸九〇メートル程の大きな池です。築山などは削られてしまって残っていないのですけれども、その池も何度もつくり変えられたり、浚渫されたりしております。

こういう庭園の遺構はあちこちから出てきております。唯一、近江の大名屋敷に関係する遺構が、墨田区大平四丁目遺跡から発見されています。近江膳所藩の本所柳島の下屋敷の跡です。

江戸時代の初めには、隅田川に橋が架かっていなかったのです。そのため、先にお話しました明暦三年の大火の折に、炎に追われた人々が川向こうに逃げられなくて、そのためもあって一説には一〇万人といわれる死者を出したのです。これはいかんということで、おそらくそういうことも理由となって隅田川に橋が架けられます。それが両国橋などの橋です。

その橋を架けてから、隅田川の東、墨東といいますが、本所、向島地域の開発が始まるわけです。ただ、やはり土地が低いところなので、水害がたびたび起こりまして、いったん撤退をしたのです。しかし、元禄に入ってから、また開発が始まりまして、大名家の下屋敷などがたくさんつくられるようになったのです。

本所柳島の本多家の下屋敷なのですけれども、これは元禄十六年（一七〇三）に拝領します。

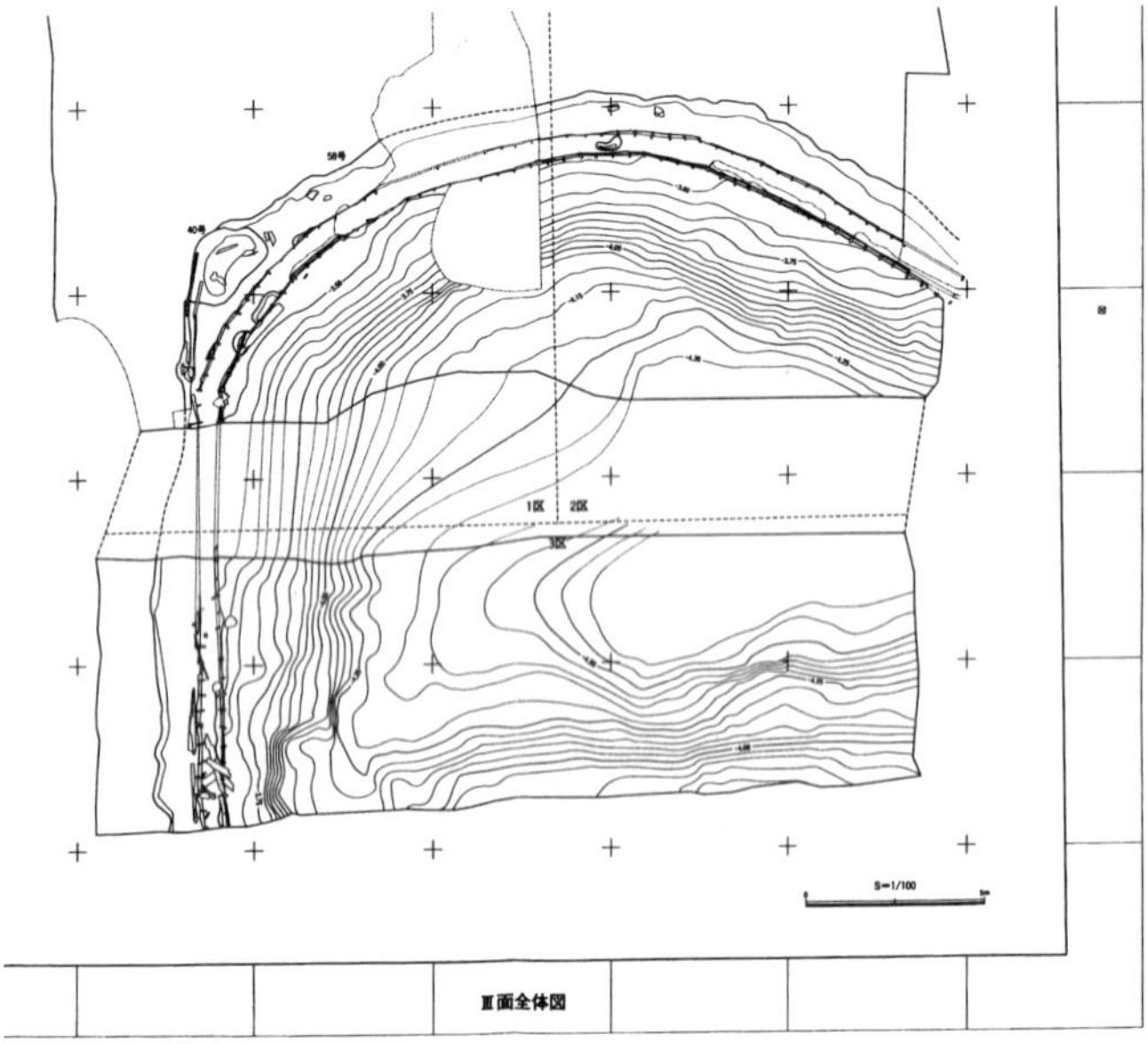

図4　本多家本所柳島下屋敷跡から検出された池遺構
（墨田区太平四丁目埋蔵文化財調査会『太平四丁目遺跡』）

それまでは上野の普請場といいまして、徳川家の菩提寺、祈祷寺を兼ねている寛永寺の普請場となっていました。おそらく木場に近いということもあって、材木の集積、あるいは寛永寺を修築したりするときの普請場として利用された場所なのですが、そこを本多家がもらったのです。

本多家の下屋敷は明治初年まであって、その後、時計のセイコー社の工場となったのですけれども、たまたまその場所が発掘調査されて、本多家の下屋敷の池の遺構の一部が出てきたのです（図4）。

池は発掘した地域より大きく広

がっているので、その全体像はわかりませんが、池の輪郭の一部は直線になっていたのです。このような大名屋敷の中にある池は、わりと多いのです。同じ低地にある例ですが、台東区に蓬莱園という、肥前の松浦藩の屋敷に伴う名園といわれる庭園があったのですけれども、そこも一部が直線的につくられていました。

蓬莱園は小堀遠州の作庭になるといわれています。小堀遠州がこういうつくり方が好きだったのかもしれませんが、あるいは、屋敷はだいたい幾何学的な四角いかたちで拝領することが多いわけですから、そういう屋敷地の形状に左右されて、こういう池がつくられるようになったのかもしれません。

本多家の池の護岸ですが、土留めの板柵が二段に巡らされています。埋め立ての地行とちょっと似た感じです。池はわりと深くて、一メートルから一メートル五〇センチくらいあります。低地なので、水を特に引き込まなくても、おそらく自然に溜まるのではないかと考えられます。発掘調査されたのはちょうどこの庭園部分だったので、ほかの遺構はほとんどなくて、遺物も非常に少ないということでありました。

次に、大名屋敷の周囲――輪郭、境界がどうなっていたかをみてみましょう。また汐留の例を出しますけれども、伊達家と、それから脇坂家が並んでいます。その両藩の藩邸の境の部分ですが、境堀と呼ばれる溝が出てきております。石組みの溝です（写真7）。これは別の場所、例えば丸の内三丁目遺跡では、土佐の山内家と阿波の蜂須賀家両家の上屋敷が並んでいるのですけれ

写真７　伊達家と脇坂家の境堀（左：伊達家／右：脇坂家）
（東京都教育委員会提供）

ども、その境からも同様の境堀が発掘されています。

ところが、汐留の例では、境堀の石組みが伊達家側と、脇坂家側とでは、ちょっと違うのです。伊達家側は整った大ぶりの石をきれいに積んでおります。石組みの下部には、よくお城の石垣などに用いられる胴木が入っています。一方の脇坂家側は、伊達家側とはだいぶ違って、もう少し石の積み方が雑でありまして、主な石の間に小さい石を埋め込んでいます。これはどういう理由かというのは、はっきりとはわかりませんけれども、伊達家側の方が技術的にきちっとしているということは確かです。

一ついえることは、境堀をつくるにあたって、たぶん自邸側の石垣は自分でつくるという決まりごとがあったのだろうと思われます。そうしますと、大名の規模からいいますと、伊達家は六〇万石でありまして、彦根藩が三〇数万石ですから、だいたい倍くらいの規模で、大大名です。

脇坂家は六万石ですから、膳所藩と同じくらいです。ですから大名の経済的な規模の違いを意味しているのではないかという考え方もできますが、実際のところはまだわかりません。

それから、先ほどちょっと長屋塀の話をしましたけれども、幕末に撮られた写真に久留米藩の江戸屋敷の長屋塀が写っています。長屋塀は藩邸の外周部の道路に面して設けられています。一階は板壁、二階は漆喰壁になっていて、それぞれに点々と窓があります。これが長屋を兼ねた塀で、この長屋塀の中に藩士たちが住んでいます。こういう構造を取っている部分もあります。

大名屋敷の中には、生活機能を充足させるために、さまざまな施設が設けられておりました。江戸の場合、水道網が整備されておりまして、市中に上水が配されておりました。上水は、水源から江戸の外周まで小川のような開渠を掘って水を引いてくるのですけれども、そこに上水堰を設けて、地中は石樋と呼ばれる樋と、それからさらに、木樋と呼ばれる水道管を埋めて、それを延々と伸ばして配管しました。こうした上水は大名屋敷の中にも配管されていました（口絵Ⅶ）。

木樋は木製ですから、いまの水道管と違って、そんなに長い管をつくることはできません。したがって、木樋を一本一本接いでいくわけです――いまの水道管もつないでゆくことには変わりありませんが――。接ぎ方にもいろいろあるのですが、あまり細かい話をしている余裕はありません。

木樋は途中で角度を変えて方向転換したり、二方向以上に分岐したりする必要が生じてきます。そういうときはどうするかというと、分かれ枡というような枡を用います。

桶を埋めた枡を例に挙げますと、一方からきた木樋を通して桶の中に水がたまるわけです。そして、別の二方向に挿入された木樋から流れ出ていきます。桶に取り付く木樋のレベルに差がありますが、低い方から流入して高いほうに流れ出ていくのです。もちろん井戸などもありますし、生活をするために、いろいろなことがおこなわれているわけです。

武家屋敷

同じ侍でも、旗本、御家人など、大名以外の武士がどういう屋敷に住んでいたかということでございますが、旗本、御家人の屋敷は市内各所に分布しております。しかし、先ほど申しましたように、ある程度まとまった地域もあります。外堀内では江戸城北西部の番町や駿河台・飯田町一帯、さらにそこから外堀を隔てた市ヶ谷・牛込、あるいは東の本所・深川などです。

旗本の場合は、一人ずつ単独で土地を拝領するわけです。いろいろな絵地図が残っておりますので、だいたいの屋敷割りというのはわかるのです。ただそれも何度も屋敷換えがあったりして非常にややこしいのですが——。ただ、当時の絵図ですから、現代の地図の上に完璧に合わせるというのは、なかなか難しいわけです。ですから、旗本屋敷跡の発掘を行うとなると、いろいろな方法で屋敷地を復元するわけです。

新宿区にあります北山伏町遺跡は、一七世紀末以降、長期間にわたって旗本屋敷が存在していた地域です。その一部が発掘されたのですが、一九世紀の屋敷割りは、南側から本多さん、武川さん、松田さんの屋敷が並んでいたようです。発掘された地域もおおよそ推定できます。ただ実際にはどこが境かというのはなかなかわかりません。塀などが出てくれば、ある程度わかるのですけれども、そういう遺構が必ず残っているとも限りません。

発掘をするとごみ穴などの遺構がいくつも検出されます。こういうごみ穴には、たくさんの遺物が入っています。つまり、壊れたやきものなどが捨てられているわけです。考古学の発掘ですから、単に遺物を掘り上げて持ってくるのではなくて、破片をつなぎ合わせて一つの器に復元するという作業をおこなうわけです。北山伏町遺跡では、その作業の中で、どの遺構とどの遺構から出たやきものかけら同士がくっつくかということを調べていったのです。そうしたら、この遺構から出たやきものと、この遺構から出たやきものがくっつくというような関係がわかってきたのです（図5）。

そうしますと、一例として一九世紀の段階では、一定のラインを境にして、西側の遺構から出た遺物については、西側の遺構同士でくっつくということがわかりました。東側については、東側の遺構から出たやきもの同士がくっつくことがわかったのです。ラインを境にして、東西の遺構から出土したやきもの同士がくっつくということはなかったのです。

隣の家の敷地のごみ穴に自分の家のごみを捨てるという——今ではそういう人もいるかもしれませんが——ことは基本的にないだろうということで、そうすると目には見えないけれども、旗本の屋敷の境界が推定されたのです。絵図などではなかなかわかりにくいところを、考古学の技

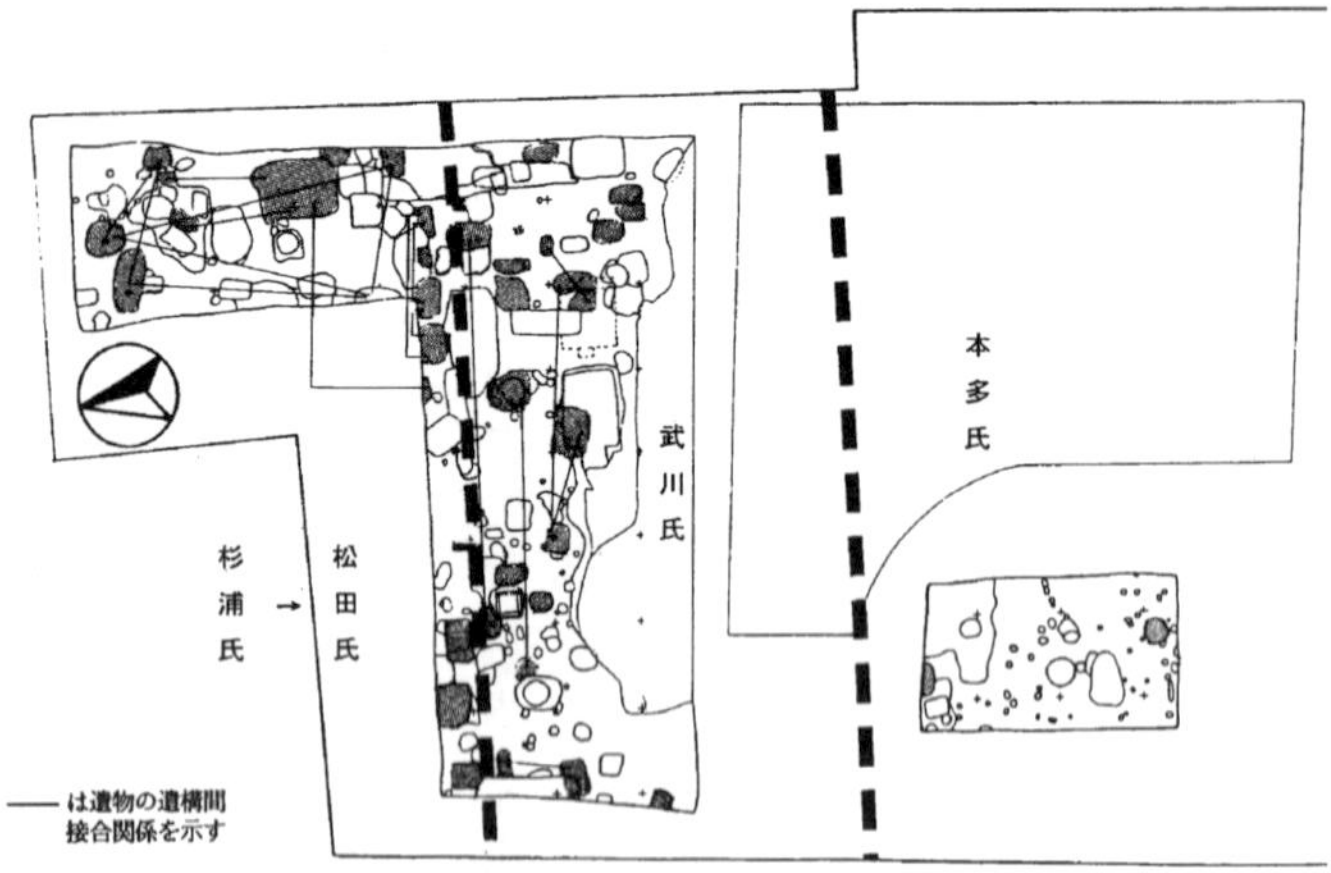

図5　北山伏町遺跡における遺物の遺構間接合
（新宿区北山伏町遺跡調査会『北山伏町遺跡』）

法によって解明することができた一つの成果であります。

与力や同心のように、旗本よりもっと位の低い武士たち。彼らは大縄地と呼ばれる屋敷地を拝領して、そこに生活をしていたのですけれども、それは一人一人が屋敷を拝領したのではなく、組単位で拝領したのです。

例えば、御徒組、御持組、御先手組などという同心は、それぞれ御徒組同心組屋敷、御持組同心組屋敷、御先手組同心組屋敷などとして、一定の範囲を拝領していたのです。その一人ひとりの同心がその中に家を持っていたのです。これを「大縄地」と呼んでおります。

東京大学工学部一四号館地点では、御先手組同心の組屋敷跡が発掘されました。調査地の西側に本郷通りが走っております。現在は本郷通りが拡張されていますので、もともとは道路幅の半分くらいまで屋敷地だったのです。東側は加賀の前田家の屋敷です。おそらく、加賀の前田家を監視する目的もあって、この同心組屋敷を配したのではないかと私は思っております。

発掘したところ、いろいろな遺構がたくさん出てきたのです。一つの例として穴蔵があります。地下室《ちかむろ》の一種ですが、ほんとうは天井があるのです。発掘する時に危険だから天井の部分を落として掘っておりますが、中は空洞で地下室になるのです。中に出入りする階段が設けられています。穴蔵は危急の際に金品を入れたり、家財道具を納めたり、いろいろな用途がありますが、地下式の耐火倉庫のようなものです。

そのほかにも、ごみ穴ですとか、井戸ですとか、いろいろな遺構があります。こうした遺構の分布を注意深くみると、一定の法則のようなものがうかがえます。調査区を南北に横切るように並ぶ塀と思われる柱穴列や、あるいは、穴蔵やごみ穴や井戸といった一連の遺構が、だいたい平均して同じような組み合わせで繰り返しているというようなことがわかってきました。そのひとつの単位は約一八メートルです。

本郷通り側の西側半分、つまり拡幅された現在の本郷通り部分が表側になりますから、その部分に住居などが集中し、発掘されたのは組屋敷の庭や明地に当たる部分だったと考えられます。そうしますと、だいたい一戸一戸の区画が推定できます。つまり幅十間掛ける奥行き二〇間の二〇〇坪が一人の同心の居住区画だったのではないかと推定されたのです（図6）。

寺社地

寺社は近世都市江戸を構成する重要な要素ですが、実は神社の発掘例はあまりないのです。ですから、寺社とはいうものの「社」についてはほとんどわかりません。主に寺院の話になります。

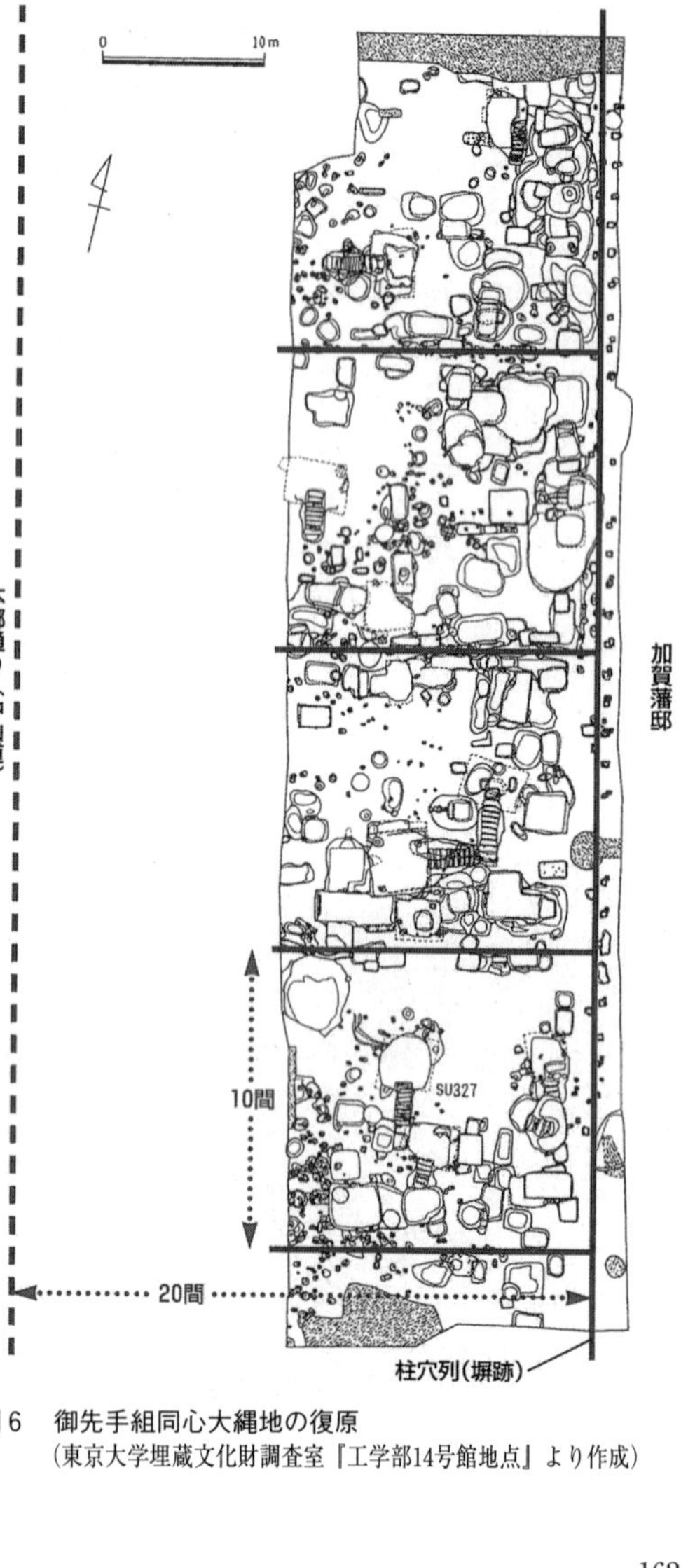

図6　御先手組同心大縄地の復原
（東京大学埋蔵文化財調査室『工学部14号館地点』より作成）

江戸の寺院にも、特別な大寺院があります。それは将軍家ゆかりの寺院です。城下の南、芝に増上寺があります。これは徳川将軍家の菩提寺であります。北東にある寛永寺は、山号を東叡山と申しまして、京都の比叡山に倣ってつくられた大寺院であります。もともと将軍家の祈祷寺として設けられたのですけれども、ここにも将軍家の墓所が設けられまして、菩提寺を兼ねるようになったのです。そのさらに東方には、古くから信仰を集めていた浅草寺があります。それから北西部の護国寺ですとか、北部に位置する伝通院、こういう大寺院が周辺部に配されています。

大寺院でなくても、基本的に市中にお寺は少ないのです。みんな外側に出されてしまいます。江戸の範囲がだんだん広がってくるのにしたがって、さらにまた外側に出されてしまうため、寺院は江戸の周辺部に位置しているということがわかります。

もともと寺院は不浄を嫌ったため、お寺の中に墓地はつくらなかったのですけれども、江戸時代の寺院は人々の管理をするという役割を仰せつかります。旦那寺制度ができるのです。そうすると寺院の中に、言葉は悪いのですが、人質として墓地がつくられるようになります。ですから、寺院跡を発掘すると、しばしば墓地の跡が発見されます。

新宿区の円応寺というお寺の跡で発掘された墓地は、大きく東西二つの墓域に分けられました。東側の墓域は四角い箱式の木棺、甕棺、骨蔵器などからなり、おもに武士階級の墓域だったと考えられています。

写真８　早桶の埋葬状態（新宿区教育委員会提供）

ところが西側の墓域からは、丸い棺桶が密集して出土しました。早桶という簡素な桶ですが、出土状況をみると、あとからあとから、早桶が埋められた様子がうかがわれます。だいたい数十年単位でいっぱいになってしまうので、そうすると一〇センチとか二〇センチとか土を盛って、また上からどんどん埋めて行きます。普通、墓地に行きますと、墓道といわれるような、墓参りなどに通る道がありますが、そういう道をつくる場所もないというくらい、雑然と埋められています。

当然、墓石などを建てる余地はないということで、「墓標なき墓地の景観」といわれておりますが。これらは江戸で亡くなって、旦那寺に属さない最下層の町人たち、彼らが投げ捨て同然に埋葬されたのだろうということを示していると考えられています。

そういう人たちの墓地が、お寺の墓地の一角に設けられていたようです。同様の墓地はほかの地点からも見つかっています。台東区の下谷七軒町にあります慶安寺の墓地からも、早桶が密集した状態で出土しています。

早桶に入れられているのは焼かない骨です。火葬骨を入れた墓もあるのですが、焼かない骨はいわゆる早桶に入っています。早桶はだいたい桶自体が小さいのです。直径も高さも六〇センチくらい。いまの感覚だともちろん小さいのですが、江戸時代の人というのは非常に小さく、男性で平均身長が一五〇センチくらい、女性で一四五センチくらいです。これでも早桶に入れようとするとかなりたいへんです。だから、無理やり頭を押さえつけて入れたのだろうと思いますが、手足、頭を折り曲げた座葬の状態で入っています（写真8）。

一般の町人ではやきもの製の骨蔵器——今日の骨壺ですが——に焼いて納める場合もあります。けれども、茶毘に伏すということは金がかかりますから、最下層民はそれもできません。江戸は、土地が非常に少ないということで、充分なスペースを持った墓地に埋葬することもできないのです。災害にあって多くの人々が亡くなった場合などはさらに悲惨で、天和二年（一六八二）に大火災があるのですけれども、そのおりに桶などの容器に入れることもなく埋められた人骨なども見つかっております。

町人地

ちょっと時間が厳しくなってきましたので、少し急がせてもらいます。町人地の話をしますが、先ほど申しましたように、初期の町人地は「江戸前島」と呼ばれた微高地に配されておりました。

寛永九年ごろですから、一六〇〇年の初めくらいになるといわれる『武州豊嶋郡江戸庄図』という、版行された江戸図としては最も古いとされる地図には、城下の東南部に、二重の四角が並んで描かれています。これが初期の町屋敷の姿です。本町・日本橋を中心とした江戸町人地の中心部ということになります。

『江戸図屏風』からも、四角い区画が並ぶ初期の町屋敷の姿がうかがえます。この一区画―街区―は、京間で六〇間（約一二〇メートル）四方です。一街区はそれを縦横三等分、つまり二〇間単位の井桁状の桝目九単位からなります。一二〇メートル四方の正方形の街区がずっと並んで、初期の町人地が形成されていたのです。中央の桝目は明地とされておりました。ただし、この街区が一つの町ではないのです。原則として街路を挟んだ両側が一つの町になります。両側町です。

日本橋から南へ続く街路が通町と申しまして、一番のメインストリートです。日本橋側より一丁目から四丁目と続きます。ですから、通一丁目は町屋中の町屋といってもよいところなのですが、寛政二年（一七九〇）の沽券絵図が残されています（図7）。沽券絵図というのは、一八世紀の初頭から町奉行所の命によって町屋の敷地などを調査して、金額まで書かれた図です。

通の東側、北の角には家守作左衛門とありますが、西川甚五郎家の江戸出店で、借地して営業していたのです。ちなみにこの西川家は今日の「ふとんの」西川家です。その隣の地主庄右衛門は、近江商人の伴伝兵衛家の血筋、さらに一軒おいた地主くまは、伴伝兵衛家の嫡流です。また、庄右衛門とくまの間にある利左衛門の土地も、後に近江店となります。通を挟んだ西側も、家守

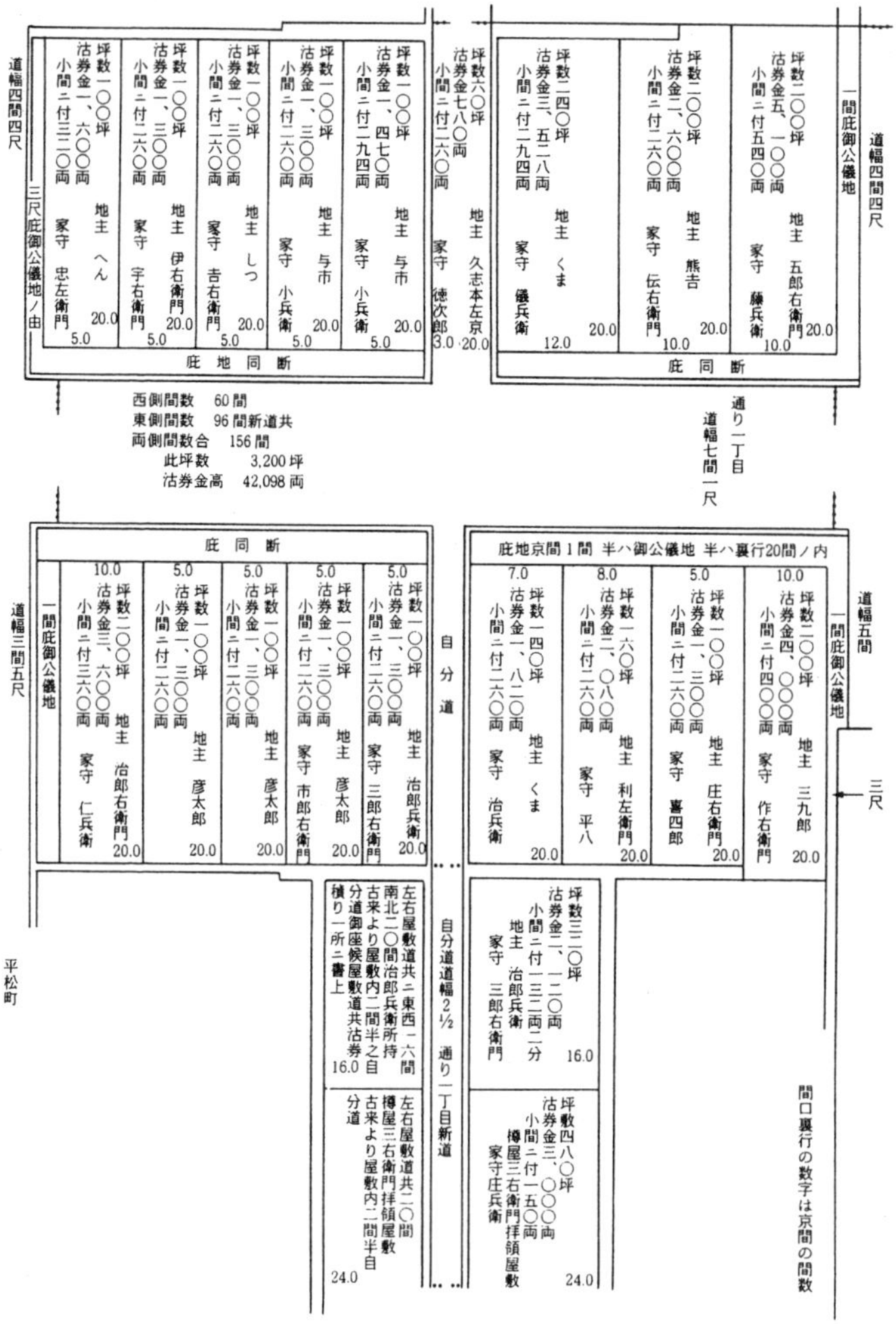

図7 通一丁目の沽券絵図（東京都公文書館『都市紀要34』）

藤兵衛、地主くまなど、近江商人が借地したり、土地を所有したりしています。つまり、日本橋近くの一等地である通一丁目は、大半を近江商人によって占められていたことになります。

くまさん名義の伴伝兵衛家は、ご存じかもしれませんが、「伴伝」として名高い近江八幡の商人です。その伴家の江戸本店の図が残されています（図8）。一階は表通りに面した見世から通り庭を入って売場と台所などの賄い空間があります。その裏手には大きな土蔵が並んでいます。竈や厠は複数あって、多くの奉公人を抱えていた大店の様子がうかがえます。

それでは、江戸の町人の大多数を占める庶民はどのような環境で暮らしていたのでしょうか。中心部の町屋敷の多くは大店が所持していて、その屋敷を細分して土地や家屋を貸していました。日本橋からは少し離れた場所ですが、守山町に三井家が所持する屋敷がありました（図9）。表通りは「地貸」で大きな見世があったようですが、裏手には路地を挟んで四棟の長屋が並んでいます。東側には二間掛ける二間で、四坪ですから八畳間の長屋が並んでいますが、その南はさらに小さい住居になっています。明地が二箇所あって、そこに井戸、ごみ溜め、厠が設けられています。これが長屋の住人たちの共同の空間・施設です。

日本橋二丁目でこうした町屋の発掘例があります。旧白木屋の裏手の方なのですが、このような状況をよく示していると思います。路地に下水が並んでおりまして、この下水から、家屋に引き込む支管がみられます。ですから長屋の建物があって、その一戸ずつに下水が引かれているという感じです。

土坑と呼ばれる穴が並んでいますが、火災が起こって焼けた跡にごみ穴を掘って、そこにそれぞれごみを埋めて、また均します。江戸は火事が多いですから、これが何回も何回も繰り返され

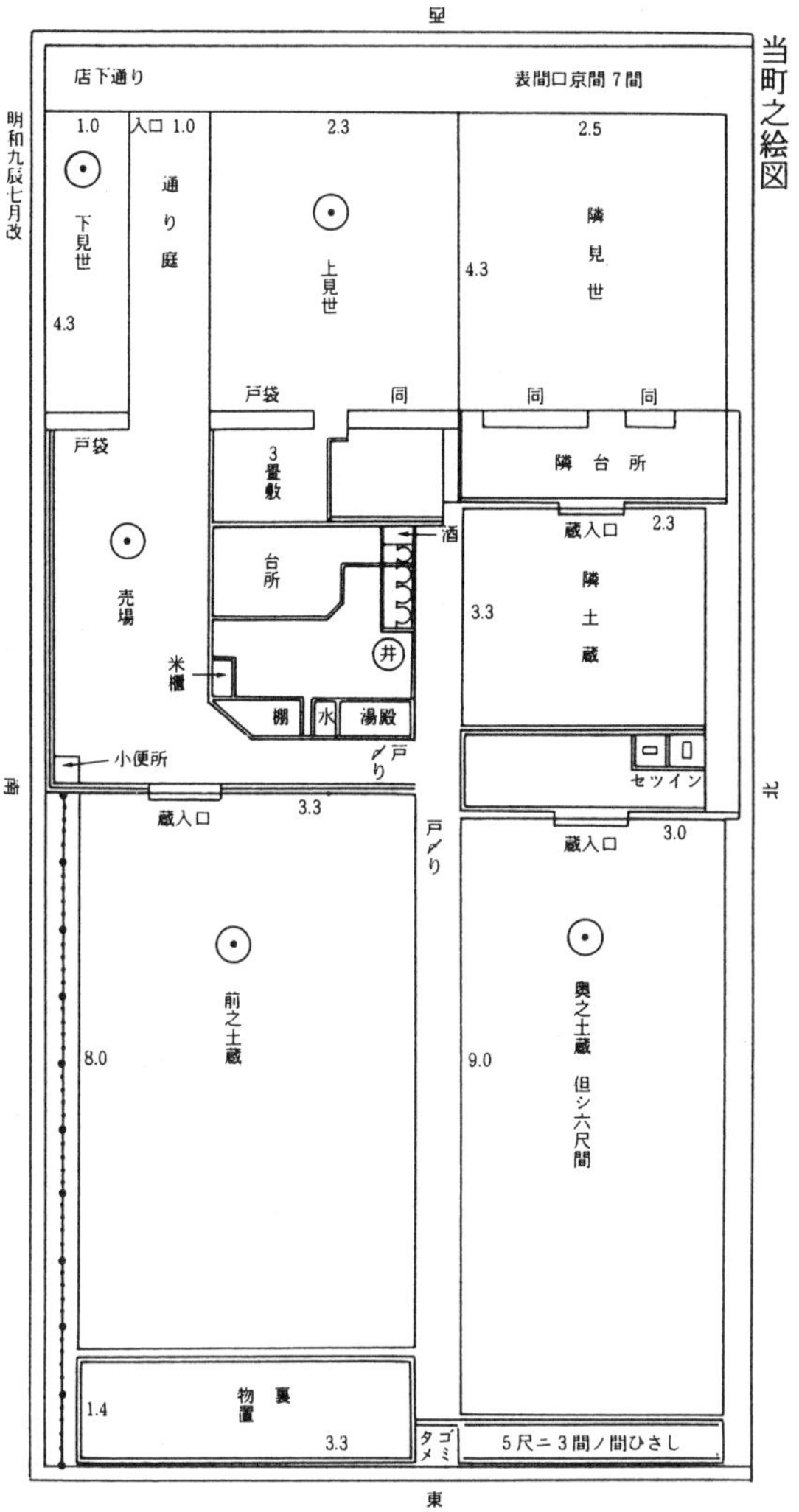

図8　伴家本店の図（東京都公文書館『都市紀要34』）

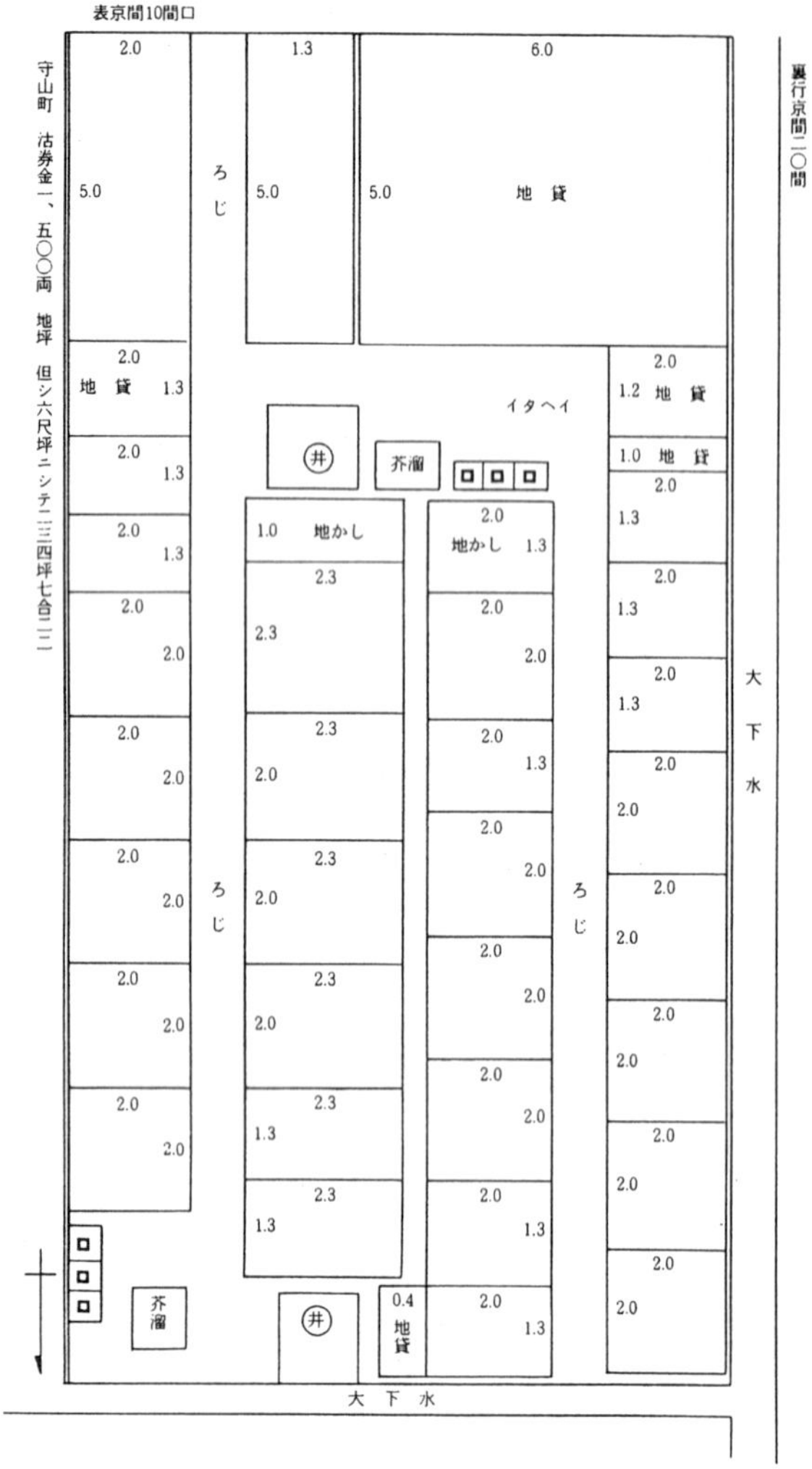

図９　守山町三井家屋敷図（東京都公文書館『都市紀要34』）

るのです。このような低地の遺跡は発掘するのがたいへんなのです。地層が何枚も何枚も重なっていて、ただ、それだけ情報量があって面白いのですが、今日は時間もなくなってきて細かい話ができないので、だいたいイメージだけつかんでいただければと思います。

もう少し離れた外神田の都立一橋高校の構内で発掘された町屋跡からも、類似した遺構が発掘されています（写真9）。土蔵の基礎や井戸が検出されています。京坂の井戸は瓦組みが多いといわれますが、江戸の井戸は桶を重ねて井戸側としています。この地域は、町屋が成立する以前は墓地だったので、下層からは石組みの墓域を伴う墓地の跡も検出されています。

写真9　発掘された町屋（都立一橋高校地点）（東京都教育委員会提供）

穴蔵もあります。先ほど御先手組同心組屋敷から発見された穴蔵を紹介しましたが、地盤の軟弱な低地にあるような穴蔵は、土地を掘り抜いて地下室を造ることができないため、木製の大きな枡のような部屋を土中に設けます（写真10）。

木製の穴蔵は地下水位の高い低地域に多いため、防水に気を配っています。板を合わせるには船構造をとっており、埋釘を用い、槇肌を籠めています。『安政見聞誌』には同じような構造の穴蔵が描かれています。

火事が起こり火の手が近づくと、穴蔵の中に金品や家

写真10　木製の穴蔵（都立一橋高校地点）（東京都教育委員会提供）

財道具を入れ、蓋をします。その上に砂をかけ、さらに水畳で覆います。先ほどお話した伴伝の店のような大店の床下には、こういう穴蔵があって、金品などを入れたりしていたと思います。いろいろな史料に穴蔵がみえますが、ことに大店では、「掟書」などに平素から穴蔵の管理を怠らないようにとの戒めが記されています。

現在の東京都心部の日本橋、銀座あたりの空中写真や地図を見ますと、四角いブロックが並んでいることがわかります。これは、初期の江戸の町割り——正方形街区の形を残しているためです。東京の市街は、江戸の市街を継承しつつ変化してきたのです。

大江戸の展開

江戸の市街は寛永年間にいったん完成をみます。それは外堀に囲まれた範囲で、堀の内側に入るには橋を渡り、見附を通らなければなりませんでした。当初の江戸の市街は城の惣構に含まれていたともいえます。

しかし、一七世紀後半以降、隅田川に橋が架けられて墨東地域が開発され、外堀外にも、特に五街道沿いに市街が拡大していきます。こうして、城と一帯であった江戸の市街は、幕府の都市計画の手を離れて拡大し、大江戸の成立に至るのです。先にお話ししましたように、一七世紀中葉の明暦の大火で天守が焼失してからは、江戸城の象徴である天守も再建されず、城郭としての江戸の意味は大きく変わっていきます。

武士の都としてつくられた江戸でありますけれども、次第に都市としての性質が変わっていきまして、防御機能が薄れ、経済を担う町人が主役になっていきました。今日はあまり生活に密着したお話をすることができなかったのですが、これはおそらくほかの城下町などでも、大なり小なりいえるのではないかと思います。

しかしながら、完成された封建制度を顕現する都市としての江戸の特殊性は変わらず、そのため、江戸は大名をとおして全国の各都市と強い関係を持ち続けたといえます。発掘された遺構・遺物をとおして、考古学の上からもさらにこうした点を検証していきたいと思います。

今日はあまり深くお話できませんでしたが、考古学からみた江戸のイメージを多少なりともつかんでいただけたら幸いです。どうもありがとうございました。

二　よみがえる金沢城と城下町

石川県金沢城調査研究所　滝川重徳

ただいまご紹介にあずかりました、石川県金沢城調査研究所の滝川です。いまほどご紹介いただいたように、ここしばらくは、ずっと金沢城の発掘調査に携わっています。

金沢城調査研究所は、発掘調査以外にも文献資料を使ったり、あるいは数は少ないのですが、残っている建造物からアプローチしたりということで、さまざまな方向から金沢城の調査研究を進めています。

私は埋蔵文化財の調査をおこなっていまして、金沢城が築城初期の様相がどうなのかを解明することをテーマとして現在調査研究を進めさせていただいているところです。

本日はその成果の一部をご紹介したいと思っています。一方城下町については、私どもの組織は発掘調査に携わっておりませんが、金沢市や石川県埋蔵文化財センターなどが調査をおこなっ

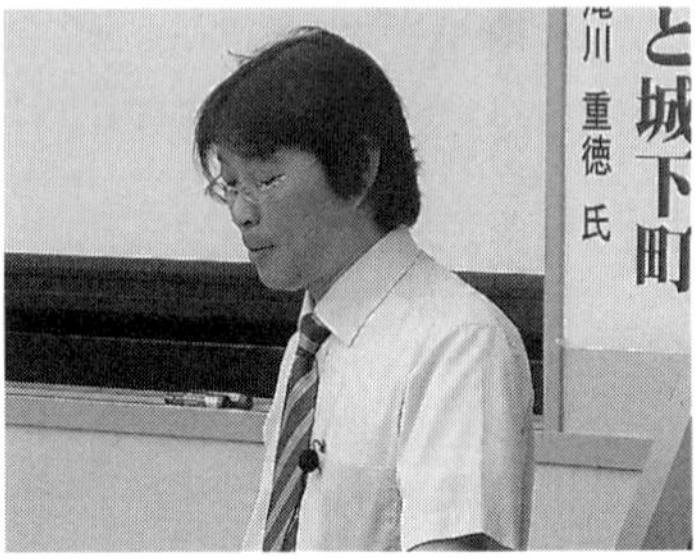

ております。

特に金沢市のほうは近年、緊急調査だけではなくて、金沢城下町の成り立ちを調べるなど、学術的な調査も進めているということです。城下町のほうも、さまざまなテーマを設定できますが、今回は金沢城の話題と歩調を合わせるようなかたちで、その成立をめぐるような所見をお話させていただくとともに、代表的な調査地点につきまして、江戸時代を通じてどう変容していくのか、そういうことを留意しながら紹介したいと思っております。

金沢のまちの概略

それでは早速お話したいと思います。まずは金沢というところがどんなところかを簡単にご説明したいと思います。

金沢というまちは、日本海側のほぼ中央、石川県にあります。図1の地形図左上の黒い部分が日本海です。この日本海の海岸沿いを加賀地方といい、幅約一〇キロの平野部が展開しています。

金沢市街というのは、平野部と山地部の境辺りに位置するわけです。南東のほう、ずっと下がっていきますと白山があります。この南東の方角の山地帯から浅野川と犀川と

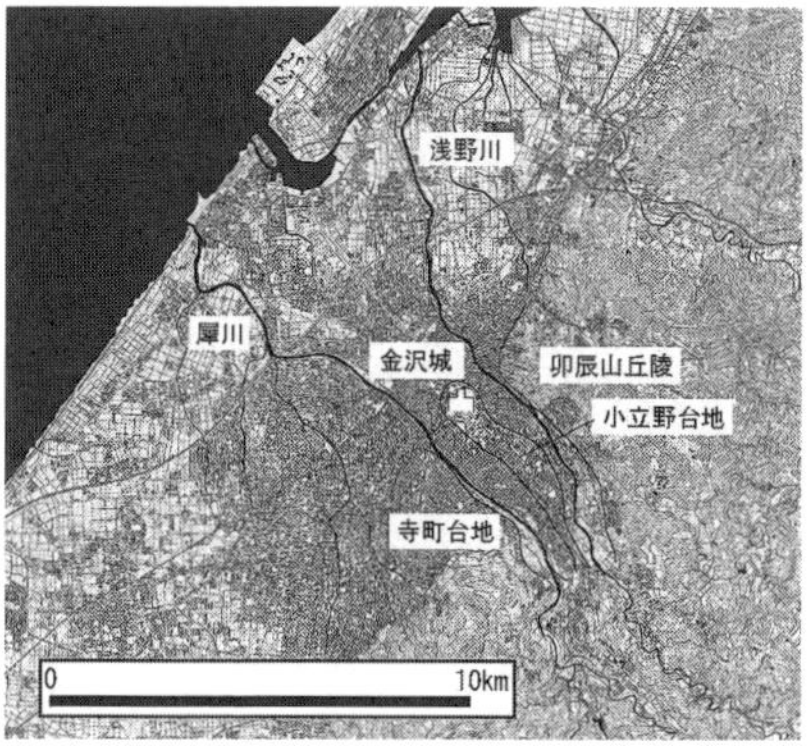

図1　金沢の地形

いう二つの河川が、ほぼ並行するように流れ出ています。この河川のあいだに削り残されたような細長い台地が突き出て、これを小立野台地と言います。この小立野台地の先端部分に金沢城は立地しています。

この金沢城の場所を中心に、金沢市街地は発達していきます。私は根っからの石川県人でなくて、関西の出身なんですが、はじめて金沢に来たときに、ずいぶん起伏のある場所だなと感じました。この小立野台地に浅野川、犀川の影響が大きなまちと言えます。

次に図2の金沢城下町をご覧いただきたいと思います。これは延宝年間と申しますから十七世紀の後半の絵図です。そのころ作成された絵図をベースに、いろいろと手を加えた図です。金沢の町は、十七世紀後半以後も周辺部が拡大していく傾向にありますが、おおむね城下町の姿は確定したと言えるような段階です。

そういうわけで、まず先にほぼ完成した城下町の姿を、ざっと見ていきたいと思います。まず、中心部にお城がある。このお城を取り巻くように、二重の点線がございますが、これが惣構です。堀と土塁で構成されています。現在、土塁はほとんど失われてしまっていまして、堀も水路のような状態になっています。

もう一つ図の右手の上方に、ちょっと長めの波線を書いています。右手の上方からお城のまわりを巡って、左手の下のほうに斜めに走っている長波線がありますが、これが北国街道です。城下のほかの幹線道路もほとんど直接、北国街道から分岐しているということなのです。

城下町の心臓とも言えるような商人達が住んだ町屋は、太線で囲ってあるのですが、少しわかりにくいのは、ほとんど北国街道沿いに線上に伸びており、道路と重なってしまうようなところがあります。面積も比較的せまく、面として大きく広がるところがあまりなくて、多少広がるところも、北国街道の周辺にとどまるということが読み取れます。

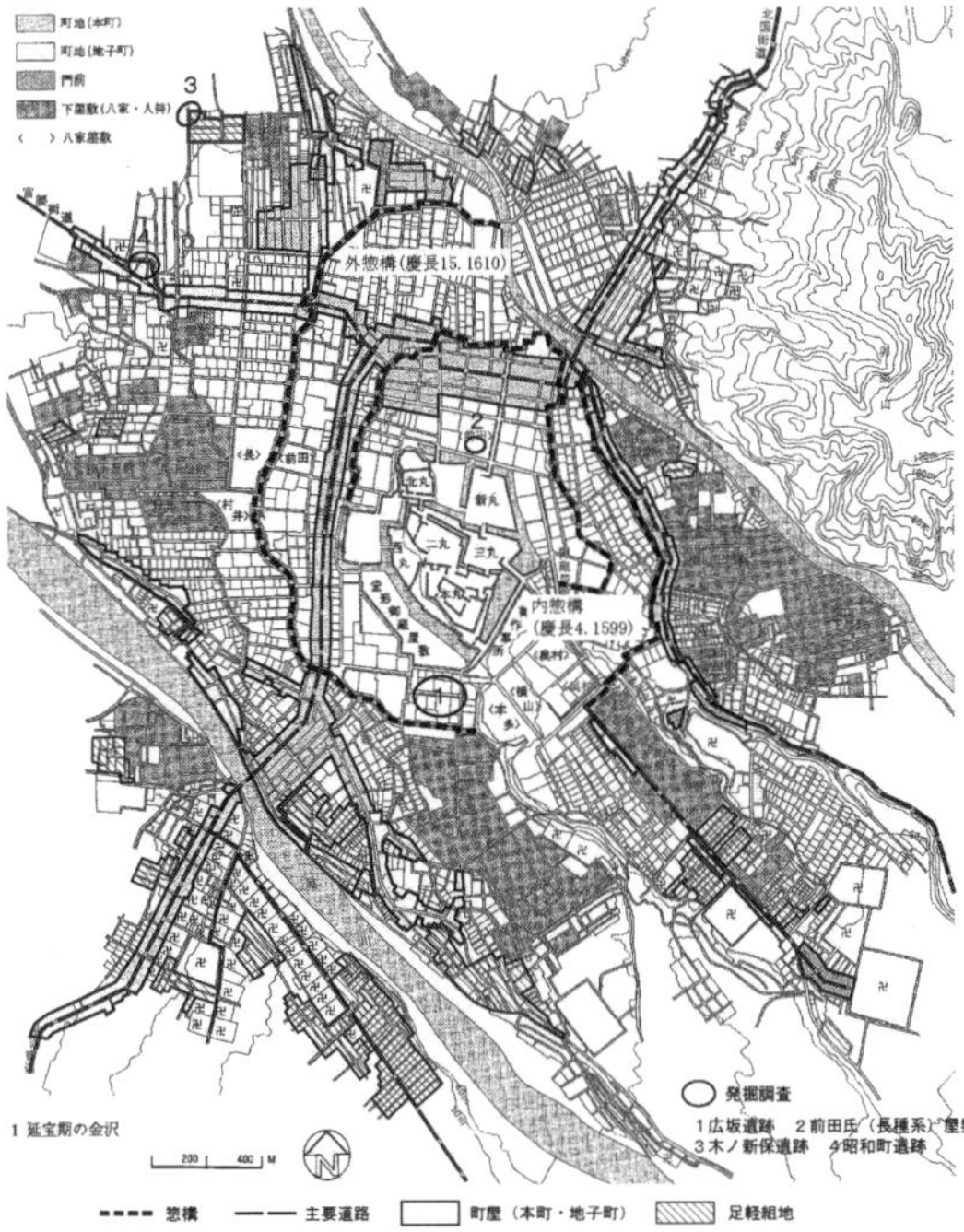

図2　金沢城下町（高橋康夫他編『図集日本都市史』を加筆）

この町屋以外が、わずかな寺院地などを除いて、ほとんど武家地ということになりますので、金沢が、いかに武家地の占める割合が高いかということがわかると思います。そのほかもいっぱい言い足りないことがありますが、それはのちほど、城下町の調査を説明する際に補足したいと思います。

築城以前

では早速次のテーマ、金沢城・城下町の前史に移りたいと思います。初期の金沢城の様子とか城下町の成り立ち、そういうものを知るためには当然、その前夜の段階を、ある程度考えておく必要があるということで少し説明したいと思います。

金沢城は実は大坂城と来歴がよく似ています。大坂はお城が出来る前は大坂本願寺がありました。金沢でも元々金沢御坊、あるいは金沢御堂と言われるような一向一揆の拠点が存在していました。その金沢御坊は大坂と同じく寺内町を伴っていたと言われています。但し具体的な構造というのは、実はよくわかっていません。

さらにこの金沢御坊ができたのは十六世紀の半ばごろと言われておりますが、それ以前のこの周辺の様相というのもよくわからない。ただ文献資料では、お城の北東側に先ほどちらっと説明しましたが、北国街道、おそらく中世の北陸道とほぼ近い位置にあると思うのですが、それと城下を貫いて流れております浅野川の交点に、山崎窪市という都市的な場があったと記されておりますが、ここは発掘調査の手がほとんど及んでおりません。

金沢城や城下町の発掘調査では、あまり鎌倉時代や室町時代の遺構や遺物は出てきません。むしろ奈良、平安時代、あるいは弥生時代のものが出たりして、どうも中世の様子というのが、やや不分明なきらいがあります。そうは言いましても断片的ではありますが、金沢御坊成立以前の状況について、最近多少手がかりが出てきていますので、少し紹介いたします。

まず金沢城のなかでの調査では、宗教石造物が出土、あるいは伝来しています（文献17）。これら五輪塔や宝塔は、いずれも十五世紀代ぐらいの遺物、つまり金沢御坊以前の遺物です。どうやらこの金沢城のある場所は、金沢御坊ができる前に、すでに何らかのお寺、あるいは墓地というものが存在していた可能性があるというふうに考えています。それから金沢城の周辺では、中世の遺構・遺物など顕著なものがないと言いましたが、近年金沢城の南側にある広坂遺跡が調査されました。城から比較的近い場所で、まとまったかたちで中世の遺構・遺物が発見された非常に貴重な事例です。

遺構として目立つのは何かと言うと、幅二メートルから五メートルほどの区画の溝です。調査区の北西が中心で、そこを囲むようなかたちで方形に区画されているような溝がいくつも検出されています。このほか、この方形区画の周辺あるいは中から礎石建物などが検出されています。この区画溝というのが、どうも多くは十六世紀の中ほどまでに埋まってしまうということが言われています。

そうなりますと、金沢寺内町、金沢御坊が栄えてくるあたりで、すでに衰退している可能性があるということです。出土している陶磁器も金沢御坊のころのものが、いま一つよくわからない。そういう特徴があります。

ではこの区画溝、囲まれた範囲はいったいどういう性格かというと、やはり有力者の館のようなものか、あるいはお寺ではないかと推測されています。

個人的には、もしかすると金沢御坊成立以前から存在していた一向一揆以外のお寺という可能性はないのかなということを考えています。金沢御坊や金沢寺内町とは相対的に自立しているような、ちょっと異質な場所だったのではないかと考えていますが、まだ、想像の域を出ていません。

さて広坂遺跡を除いて、中世後期の遺跡というのは、繰り返し申し述べましたが、金沢市街ではあまり顕著ではない。それから広坂遺跡も、寺内町の建設よりも栄えていた時期がやや古いとなりますと、では、金沢御坊や寺内町の位置や広がりというのは、どういうふうに考えるべきかということが次の課題になってきます。

金沢御坊と寺内町

ここでちょっと考古学から離れまして、文献資料などから推測される金沢御坊や寺内町の場所を想定したものを並べておきました（図3）。いずれも金沢御坊の中心部を、のちの金沢城の本丸中心部分に重ねて置いている特徴があります。それから寺内町の広がりを非常に狭く考えていまして、お城の中あるいはお城の外でもごく縁辺部、ごく周辺部に寺内町は広がっていたと考える点で共通しております。

図3—1金沢御坊付近というキャプションが打ってありますが、これは金沢城下町研究の草分けにして第一人者の田中喜男先生が想定するところです。

一番の特徴は町屋、寺内町です。寺内町の本体を城の西側に細長い南北の範囲に想定することに特徴があります。実はこのような位置に町屋を描いた、ある絵図があるのです。これは初期の金沢城を写していると言われる絵図なのですが、どうも古い時期に描かれたものではなくて、のちの想像図に近い図であります。これが根拠になっているのですが、絵図自身が考証の産物であるということで、絶対の信頼をおけないということです。

それから図3―2の想定図は、なかなか大胆な説でして、金沢城の中央部分の東西に町屋が連なっていたのではないかという考え方です。

この二番目の図は現在まで受け継がれている縄張りを基本に考えているところがあります。実は近年の発掘調査で、金沢城の初期の段階の縄張りは現在残された縄張りとは異なっていたことがわ

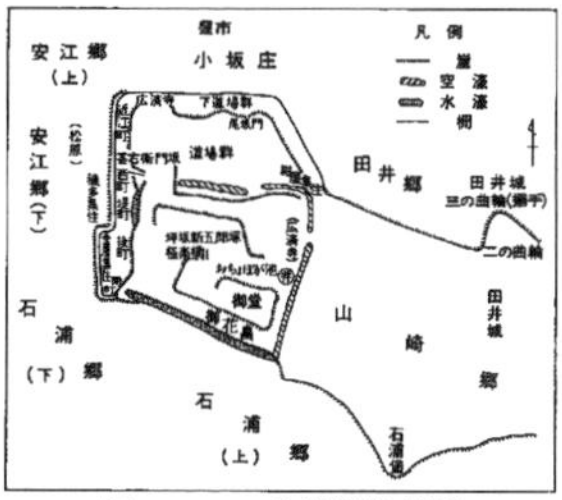

図3―1　金沢御坊付近
（田中喜男「城下町の成立・変容」より）

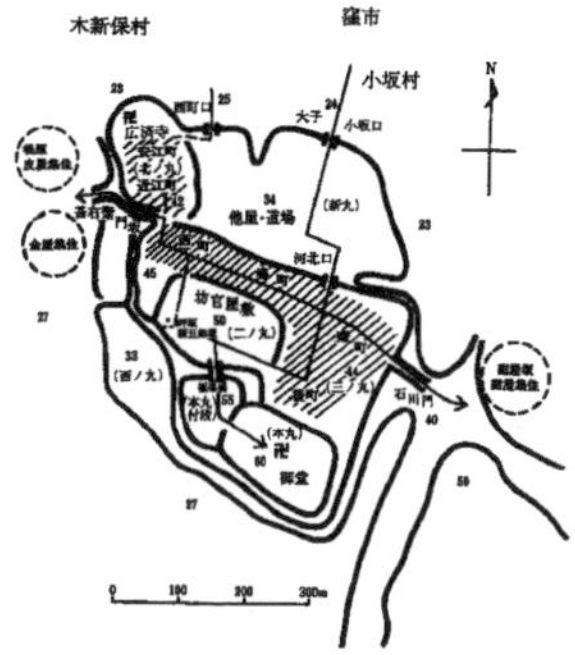

図3―2　寺内町金沢図
（図形は慶長金沢図をもとにしている。数字は標高を示す）
（西川幸治他「蓮如の道―寺内町の形成と展開―」より）

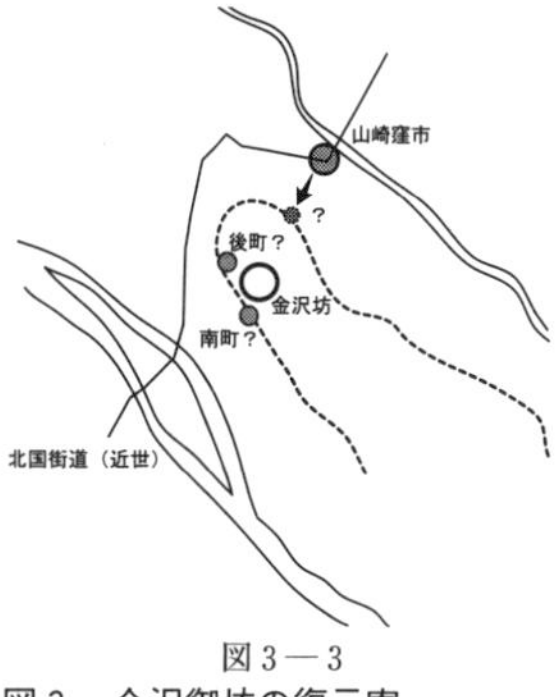

図3―3

図3　金沢御坊の復元案

かってきているので、現在の縄張りを基本に寺内町を考えるというのは、成立し難いという弱点があります。

図3—3は先の二つと観点が違いまして、かなり巨視的に考えたものです。寺内町の細かな空間構造ではなくて、周辺とのかかわり合いから、どんなことが言えるか、そういう論考（文献1）がありまして、それをもとにつくったものです。

特にこの図では、先ほど少し言いましたが、金沢寺内町に先行して、この金沢周辺に成立していた山崎窪市という都市的な場があるのですが、その都市的な場とのかかわり合いを見て金沢御坊、あるいは金沢寺内町を理解するべきではないか、そういう見方をしています。

以上を踏まえて、発掘調査の側からはどんなことが言えるのか、お話ししたいと思います。

金沢御坊の中心部は、金沢城の本丸付近が最大の候補地です。現在本丸周辺の発掘をしておりますが、江戸時代初期の盛土が非常に厚く堆積していて、なかなか下層までたどり着けないというのが現状です。金沢御坊の中心部があったとしても、発掘ではまだよくわからないのです。むしろ金沢城でも御坊の中心部分ではなくて、縁辺の部分に寺内町の可能性があるのではないかという、遺構が発見されています。これが新丸第二次調査区下部遺構面平面図（図4上）です。

この新丸という場所は、金沢城内の北側の端にあたる場所です。非常に狭い調査区だったのですが、この遺構の配置の在り方から、幅四メートルから五メートルほどの比較的小さな屋敷地割りが推定できました。間口が幅四、五メートルというふうに考えるわけです。

またこの屋敷割りがあった年代というのは、出土した陶磁器の特徴などから十六世紀の後半ぐらいであるということが考えられます。そこで金沢城として城に取り込まれる以前からの町屋の跡なのではないかというふうに考えたわけです。

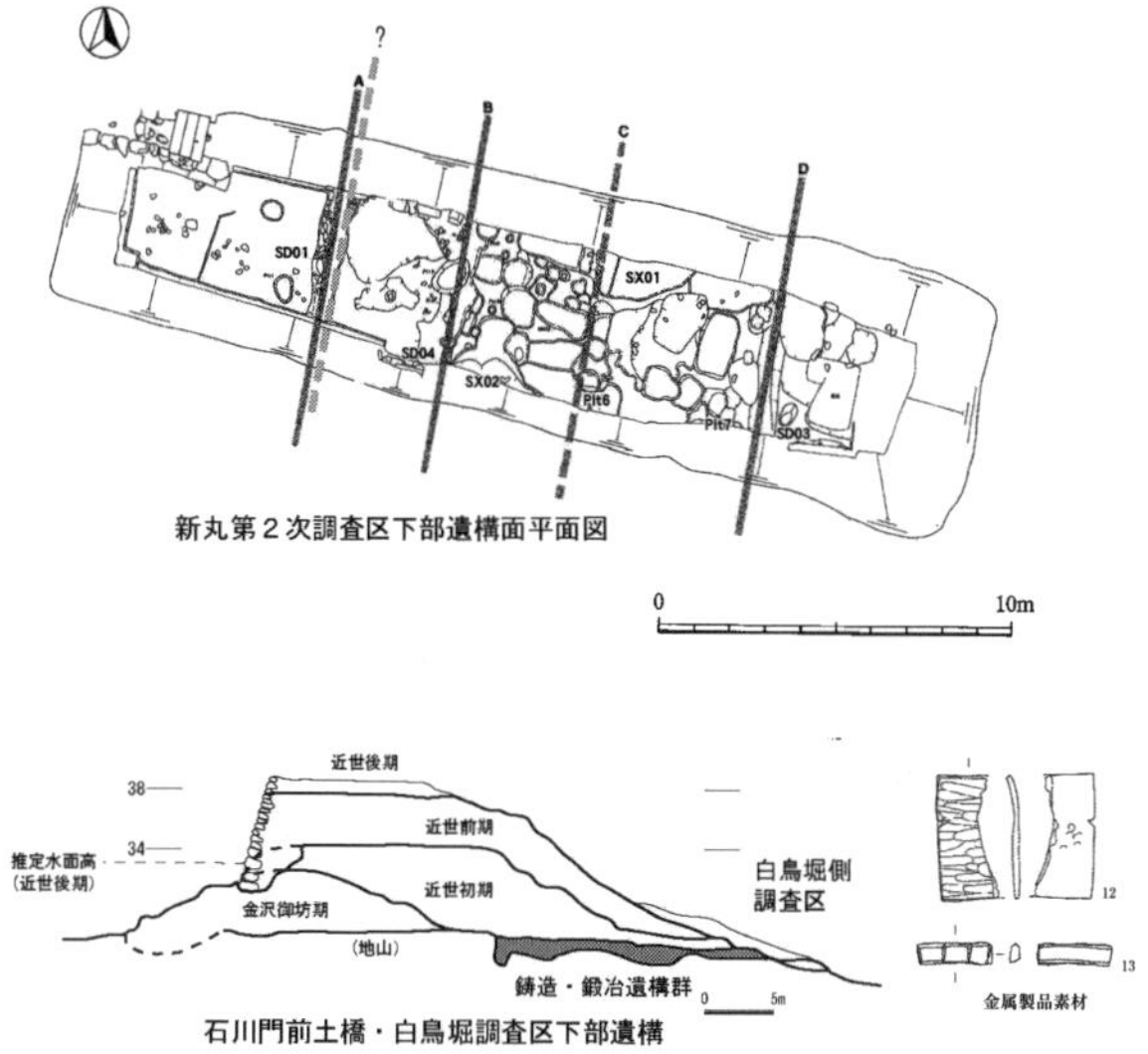

図４　新丸、白鳥堀調査区
（石川県立埋蔵文化財センター『金沢城跡石川門前土橋（通称石川橋）発掘調査報告書Ⅱ』、石川県教育委員会・㈶石川県埋蔵文化財センター『金沢城跡Ⅰ』を加筆）

次にその下、石川門前土橋構築過程概念図（図４下）と書いていますが、石川門前土橋というのは、金沢城のシンボルとして石川門という門があります。兼六園のほうへ向いている門なのですが、この門の前に架かっている土橋です。土橋が架かっているということは、大きな堀が巡っているということです。金沢城の東側を区画する大きな堀なのですが、そこの土橋なのです。

ところがこの土橋の下から金属

加工にかかわるような遺構、つまり鍛冶の遺構とか鋳物の遺構、そういうものが密集して出てまいりました。そういうことから、やはりこの土橋ができる前、陶磁器の年代から十六世紀後半ごろ、のちに金沢城の堀や土橋の下になるところに、金属加工に従事する職人集団の拠点があったのではないかというふうに考えたわけです。

まだまだ事例は少ないのですけれども、以上のことをやや無理に生かして、金沢御坊と寺内町について、その場所を想定してみました。

これも金沢御坊の中心部は不明で、寺内町の面的な広がりは限定的にすると考えるところで、従来の諸説と基本的には変わらないのですが、新丸という、お城の北側に町屋敷の広がりを想定しているところが、やや新味があると言えるかも知れません。

それから現在の金沢城の西縁、これが従来から金沢に寺内町があったのではないかと言われる場所にあたるのですが、調査がほとんど及んでいませんので、ここに関しては、なかなか比定しがたいものがあります。

先ほども少し申しましたが、金沢城の北東方向に山崎窪市という先行する町場空間がございますので、西縁部だけを町屋と考えるのではなくて、新丸の辺りにも町屋を想定しても、巨視的な観点から見ても悪くないのではないかなと考えている次第でございます。

ざっとこんなところなのですが、最後に金沢城内で検出された、寺内町の遺構と考えた新丸第二次調査区、それから石川門前土橋の調査区とも、先ほど十六世紀後半の年代が考えられると申し述べましたが、実は出土した陶磁器のうち、もっとも新しいものは数は少ないのですが、十六世紀の最末期まで下るというようなことが言われています。これに関しては、金沢寺内町が初期の城下町に引き継がれたと考えたいのですが、金沢城となってから新たに作られた町なのではないかという可能性も否定できません。新丸には古い時期の遺構がまだ多く遺存していると思われ、この解明のためにも、調査を進めていく必要があるし、それだけの魅力をもった地区であるとも思います。

金沢城の構造と変遷

前置きが長くなったきらいがありますが、これから金沢城のことについてご説明していきたいと思います。

金沢城のおおまかな歴史につきましては、天正八年（一五八〇）に織田信長の武将の一人である佐久間盛政という人物がはじめて金沢城主になります。その三年後に羽柴秀吉、後の豊臣秀吉が覇権を握るわけなのですが、そこで佐久間盛政が退転し、豊臣秀吉のもっとも信頼のおける片腕であります前田利家が、天正一一年（一五八三）に金沢城主に変わるということです。

その後半、元和六年（一六二〇）、寛永八年（一六三一）に大きな火災があり、その都度、御殿をつくり直すということをやっています。特に寛永八年は、御殿を本丸から二の丸へ移すという大きな変換点になっています。

今のところはこれぐらいを頭に入れていただいて、次の話に移りたいと思います。図5は江戸時代後期の金沢城の絵図をトレースし直したもので、完成された金沢城の姿を示しています。スケールを示していませんが、上から下までだいたい約七〇〇メートルぐらいあると考えていただいたらいいかと思います。

これは平面図で高さがわかりませんが、一番高いところは図の下、南側にあたる本丸、東ノ丸といったところで標高約六〇メートルぐらい、それから北へ向かって二ノ丸・三ノ丸・新丸というように下がります。ひな壇状に北へ向かって連続的に低くなるというような感じです。そして要所、要所に堀を設けています。一番北側の新丸の一番上に尾坂門という門があります。これが大手門になります。

私どもの目下の関心は冒頭に述べましたように、どのような過程を経て金沢城がこのような形状になったのか。言い換えれば初期の金沢城はどんな様子だったのかという点にあります。

その目でもう一度図をよく見ますと、一番下の本丸から左手上方に、御宮、北ノ丸と書いたところがあるのですが、ここに一本の尾根が通っているというふうに読み取れる。本丸から今度は右手上方に鶴ノ丸、三ノ丸、新丸に至る幅が広くて広い尾根がある。実は金沢城というのはメーンの尾根があって、そこから派生する尾根があるという自然地形の上につくられているということが言えそうです。

こんなことを言うのも、もちろん発掘調査をしたからこそなのですけれども、結論から先に言いますと、この金沢城の縄張り整備というのは、一五八〇年ごろから五〇年間延々と継続します。時代を追っていくと、天正一四年（一五八六）の天守造営に始まり、前田利家の晩年である文禄期、慶長期、関ヶ原の合戦前後、そして豊臣家が滅んだ元和期、幕府・藩の体制が確立していく寛永期を経て確定したわけで、初期の様子は全然異なっているということがわかってきたのです。ただし、文禄・慶長期といった段階は石垣を大々的に整備し、堀を掘るのが主で、非常に大規模な整備なのですが、自然の要害を、より生かす方向と言いますか、陳腐な言い方かもしれませんが、かなり臨戦態勢的な整備をやっているように思われます。

現在の縄張り形状が確定するのに決定的な影響を及ぼしたのは、むしろ平和な時代になってからの元和・寛永期という二つの画期だったと考えています。この時期は、文禄・慶長期に比べると、二ノ丸と本丸が、大きく拡張されています。それから自然地形の克服という観点からしますと、堀の形状がかなり変わっている場所がある。その二点が注目されます。

以下では具体的な調査事例で縄張り整備の実態を、紹介していきたいと思います。図5にあるいもり堀はお城の南側にある堀ですが、明治末頃までは、ここは直線的な大きな堀がありました。ところが発掘調査をしていますと、この堀よりも本丸の石垣寄りに、本丸の自然地形に沿うような蛇行したかたちの堀が見つかったわけです。これは絵図などにまったく載っていない、新発見の堀です。そしてこの堀は図で言いますと、左手上方のところに、やはり石垣で固めた土橋を伴っています。石垣のつくりから文禄年間かそれ以前に、この古い堀は掘削されたのではないか

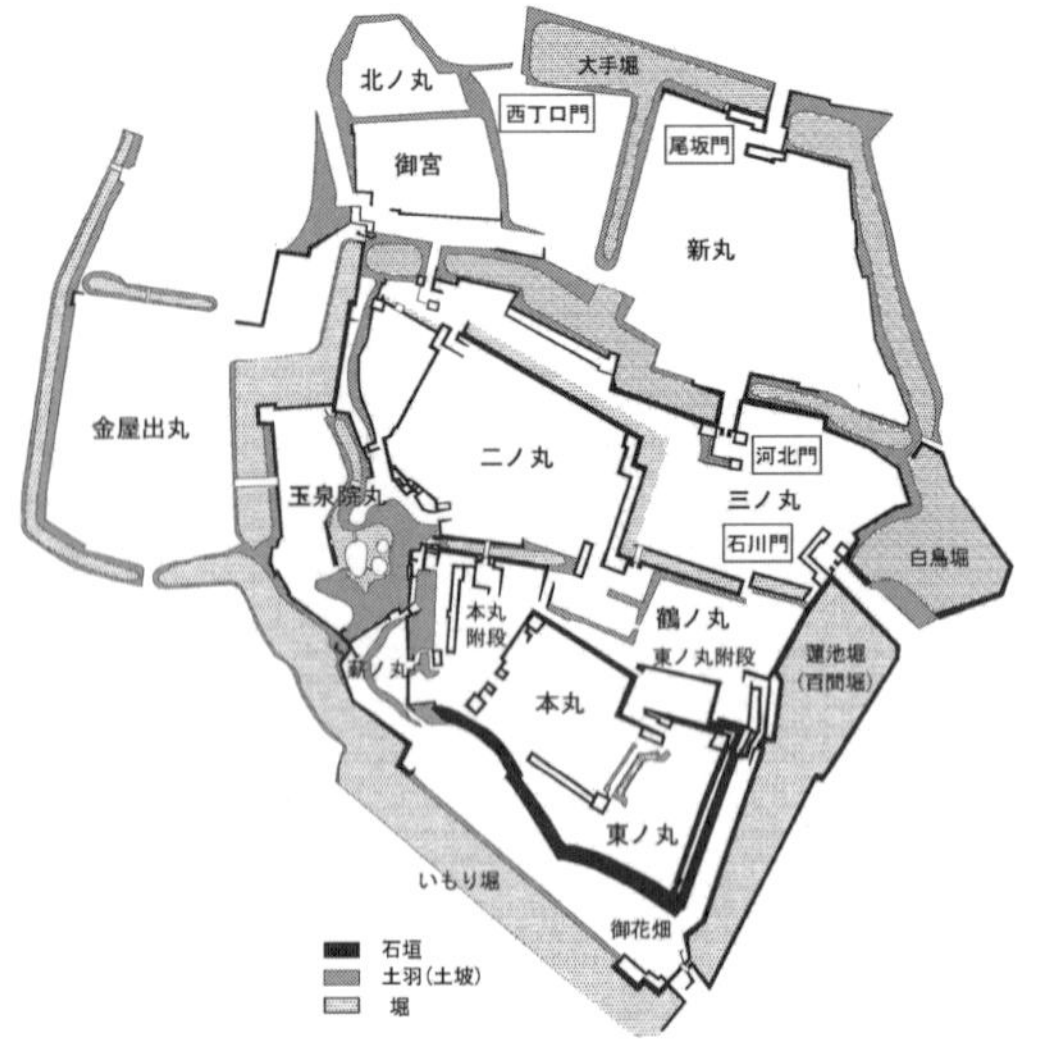

図5　金沢城平面図
（金沢御堂・金沢城調査委員会編『金沢城跡』付図を加筆）

なと考えております。

この土橋周辺からは金箔瓦が出土しています。この曲がりくねった堀が埋められて直線的な新しい堀になったのは、やはり元和段階である一六二〇年頃の整備だったというふうに考えています。

続きまして、二ノ丸と五十間長屋石垣の説明をしたいと思います。五十間長屋は、現在金沢城へまいりますと、石川門を入った真正面に目に付く建物ですが、これは実は明治時代のはじめに焼け落ちてしまって残っていなかったのですが、ここ近年往時の姿に復元したものです。その復元整備にかかわって石垣の解体をおこないましたが、そのときの知見がこれからの説明の元になっています。

この五十間長屋という長屋台の石垣を境にして、二ノ丸と三ノ丸とが分かれています。高さが約一〇メートルぐらい差があります。ところが石垣を解体していきますと、石垣の内部の下のほうで、ほぼ三ノ丸側と同じぐらいの高さのところで、陶磁器や漆器がたくさん出る遺構面が出てまいりました。屋敷の跡だと思われます。

遺物などから、寛永八年の大火以前に展開していた武家屋敷の一画なのではないかと考えました。つまり寛永八年の大火までは二ノ丸は狭くて、三ノ丸が広かったのではないかと考えたわけです。

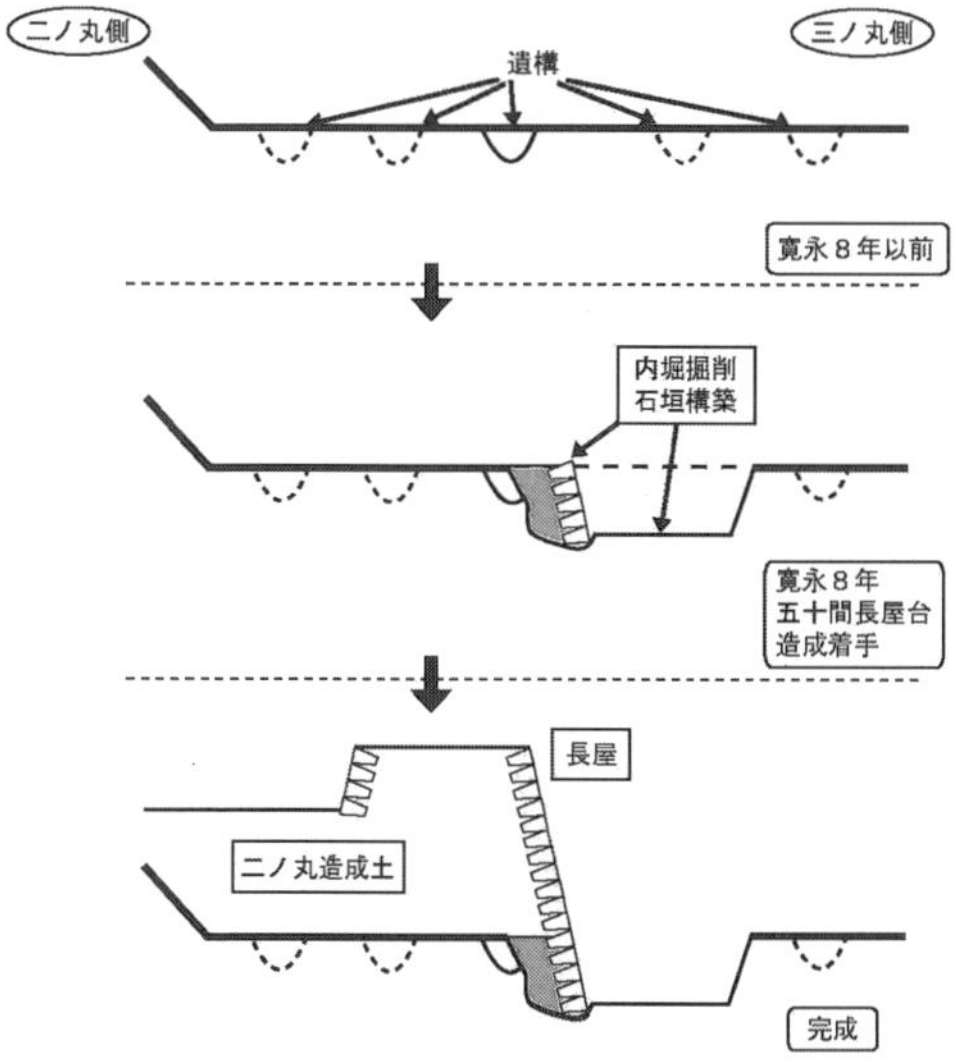

図６　二ノ丸・五十間長屋構築過程模式図

寛永八年以前は、三ノ丸側が広くて二ノ丸側は西のほうへずっと片寄って高いところがある。ところが寛永八年に大きな火災があって、二ノ丸を拡張する必要が生じた。そこで三ノ丸の一画に内堀を掘削します。その掘削した土砂をもって二ノ丸側を造成して二ノ丸を高く引き上げた。そして三ノ丸は狭くなった。三ノ丸の続きにあった武家屋敷は完全に埋め込まれてしまった（図６）。こういうような状況が発掘調査から明らかになっています。

次に本丸のほうの近年の調査について説明します。

この本丸の調査は金沢城調査研究所、あるいは研究調査室が出来て、金沢城のことを専門に調査するようになってから、あらためてやりはじめた調査です。

ほかにもやっているのですが、今回は三つの地点について紹介したいと思います。一つ目は東ノ丸唐門という、本丸エリアに入る虎口の調査です。二つ目は、本丸に付属する本丸附段という郭があるのですが、ここの調査。三つ目は、本丸の北側部分がどんなふうに造成を受けているのかという調査です。

まずは東ノ丸唐門前の現状です。本丸付近に入る出入口というのは二つありまして、一つは西側、本丸附段というところにある鉄門。もう一つは東側にある東ノ丸唐門というところです。この門は金沢城内への大手出入口である、尾坂門からほぼ真っ直ぐ南の延長に当たる場所です。北から登ると石垣に突き当たって、左側へ折れて本丸のなかへ入って行くということになっています。現状は緩やかに曲がる園路があるのですが、これはほぼ江戸時代の通路を踏襲しています。

ここに注目したのは、もちろん重要な本丸への出入口であることと、正面の石垣をよく観察しますと、古い石垣が新しい石垣に埋め込まれている様子が観察できるからです。そこで前面部分を発掘したわけです。

まず検出されたのは、正面の石垣に対して石段がほぼ並行した状況でした（写真1）。それか

写真1　金沢城跡東ノ丸唐門前　第Ⅱ段階通路（石川県教育委員会提供）

ら、通路の側壁だったと思われる石垣の残骸がありました。この階段は足がかりの部分だけが石でできている、雁木坂と呼ばれるタイプですが、踏み面のところには焼けた土がこびりついている状態が観察できました。直接強い熱を受けたどうかわかりませんが、火災直後に埋め立てられたような様子でした。

それから側壁石垣ですが、これは一番下部の根石が二つだけ残されただけでして、もとは南へも本来は何段かあって、この正面の石垣にぶつかっていたのだろうと思っています。そうすると石段を登って、正面の石垣にぶつかって直角に曲がるという、そういう通路が想像できます。

遺物はほとんど出ていないのですが、石垣の特徴から見て、元和段階に整備されたものだと思います。想起されるのは元和六

写真２　金沢城跡東ノ丸唐門前　第Ⅰ段階石垣（石川県教育委員会提供）

年火災と、寛永八年の火災です。おそらく元和六年の火災を契機に整備され、寛永八年の火災で役割を終えた非常に短期間、約一〇年間の通路ではないかと想像しています。

ところが調査を進めていきますと、さきに説明しました、元和期の通路の下から斜めに突っ切るような石垣が検出されたわけです。これこそ正面の石垣に埋め込まれていた古い石垣と関連するものだったのです。

正面の石垣には、埋め込まれた古い部分が見えます。検出された石垣は、この手前に伸びてくる石垣です。言葉で説明しにくいのですが、この埋め込まれている石垣の、角の側面に合ってくるような、側面が延長したようなかたちで伸びる石垣なのです

（写真2）。

石垣の石材を見ますと、かなり平坦な面を持った大きな石が選ばれています。これは主要通路沿いに特徴的に用いられる鏡石的な役割を持っているのではないかと考えられます。そこでこの石垣は、元和段階以前の通路の側壁になるような石垣ではないかと推定しました。通路は石垣前面にあったのではないかと考えたわけです。元和段階では、ここで曲がって行きますが、元和以前、文禄～慶長期の虎口は、真っ直ぐ本丸のほうへ抜けていたのではないかと考えております。

図7は通路の変遷をまとめた図です。多くの推測が混じっていますが、文禄・慶長期の通路というのは、真っ直ぐ本丸へ向かう。ところが元和期になりますと、この真っ直ぐな通路を石垣でふさいで、左折れの形状をつくりあげたということです。

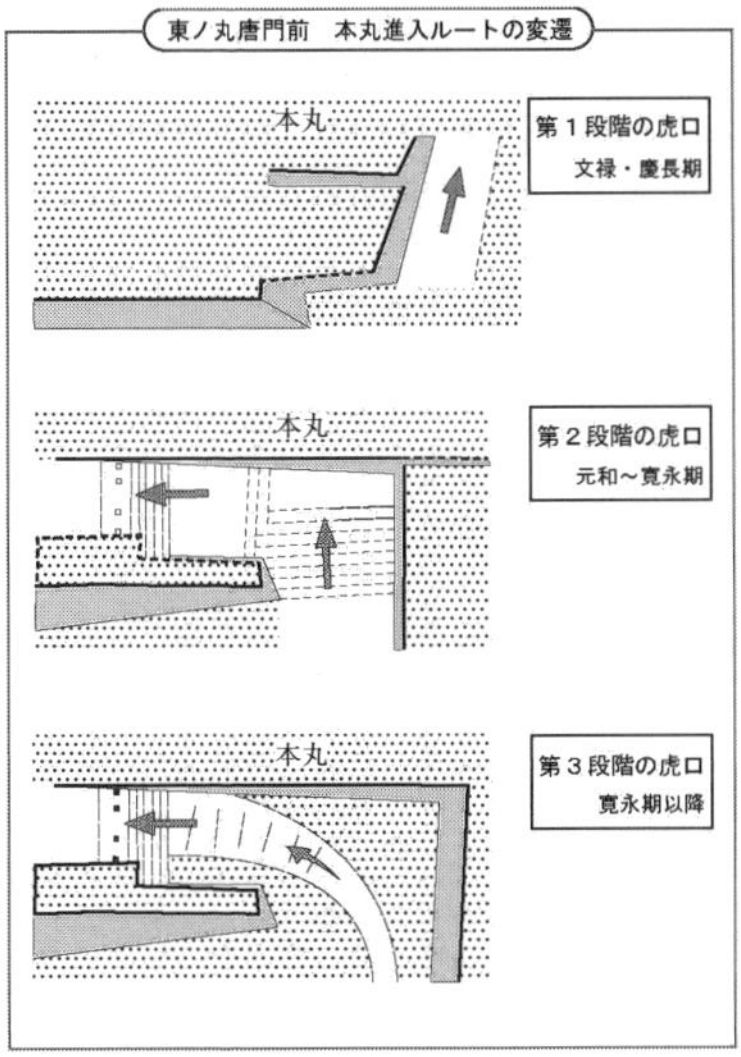

図７　本丸進入ルートの変遷
（石川県教育委員会文化財課金沢城研究調査室『金沢城を探る№４』挿図を改変）

基本的にはこの元和期とよく似ているのですが、寛永段階になりますと、通路の幅そのものは狭めて、ただ虎口空間としてはやや広めに、西側の石垣を壊してセットバック、うしろ側につくり直しています。そういうことをやって、三段階の変遷を遂げているようです。

この東ノ丸唐門前というのは、文禄・慶長期から連綿と出入口としての体裁を保ってきた場所と言えると思います。この状況を踏まえて、本丸のもう一つの出入口であります、本丸附段の調査状況を説明していきたいと思います。

本丸からわずかに下がった段として本丸附段という曲輪があります。発掘調査をして感じたのは、溝や穴など遺構の密度が高い空間なのだなということでした（口絵Ⅷ）。

これはほとんどが初期の金沢城の段階、寛永八年の大火以前の遺構です。逆に言いますと、寛永八年以後は、ほとんど遺構はない、そういう空間です。

この遺構群とは、時期ごとにグルーピングすることができます。調査では大きく二段階に分けて、さらに後半段階を二段階に分けています。ここでは後半段階の様子を説明します。元和七年の本丸火災後の整備までの遺構と、元和から寛永八年の、わずか一〇年なのですけれども、この間に営まれたであろう遺構を分けています。

この区域の最大の特徴は、元和七年までのあいだ、巨大な堀があったということです。これは文献や絵図にはまったく出てきません。この堀の際にごみ穴や穴蔵などがつくられています。元和七年以降は、この堀が埋め立てられて板塀ができたり、鍛冶場ができたりしています。

本丸との間の堀は、幅が二〇メートルはあろうかという非常に巨大なものです。深さは発掘調査ではわからなかったのですが、ボーリング調査をしたところ、約一〇メートルぐらいあると推定しています。

この堀は本丸側に石垣を持っています（写真3）。ただし現在地表面より上に見えている石垣は、江戸時代後期に積み直されたものです。土に埋まったところに堀が機能していた頃の古めかしい石垣が残っています。築城当初に近いこのころは、本丸の防御性も実質的であって、本丸ぎりぎりのラインまで臨戦態勢が整えられていたように思われます。

写真3　本丸西側堀に伴う石垣
（石川県教育委員会提供）

調査を行う前は、いまの本丸西側ラインというのは寛永年間ぐらいに、だいたい形が落ちついたのではないかと言っていたのですが、そんなことはなくて、やはり石垣の年代が示すような、築城当初に近い文禄ごろに本丸西側が区画されていたことが明確になりました。むしろ元和年間になって埋められてしまって、本丸と本丸附段の境があいまいになっていったということがわかってきたのです。

堀があったころ、そのそばにはごみ穴がつくられています。陶磁器、素焼きの皿のほか、魚骨、食べかす、そういうものが多く出てきたことで、ごみ穴だろうと考えています。

このごみ穴というのは本丸から見ると堀の外側に当たるところに位置していますので、堀が機能していたとしてももう臨戦態勢という雰囲気ではなくなってきているような気もします。

このごみ穴は、堀をつくった当時の緊張が、緩みはじめているころ、堀が元和に埋められる直前ぐらいの所産ではないのか。陶磁器の様相もだいたい慶長後期と言われる頃のものなので、このような段階の遺構ではないかと思っています。

先ほどのごみ穴、それから堀が埋められたあと、発掘では一本の溝にしか見えないのですが、溝の底を精査しますと、柱の穴とか礎石が出てきますので、半分ぐらい根本を埋めた掘立柱式の板塀が築かれていたのではないかと思います（写真４）。

さらに、長径が五、六メートルはあろうかという浅い皿状の穴などが見つかっています。埋めていく過程で、なぜか馬の頭蓋骨を裏向けにして鎮座させているという、そういう不思議な遺構です（写真５）。おそらく池ではないかと思うのですが、堆積状況からは池だという明確な証拠がありません。こういう馬の骨を、いかにも祭祀的に扱っていることから考えても、何か水に関するような遺構なのではないかなと考えております。

その他鍛冶の跡と考えられる遺構が見つかっています。地面が真っ赤に焼けている穴や、炭の

写真４　本丸附段　塀跡（石川県教育委員会提供）

写真５　本丸附段　馬骨検出状況（石川県教育委員会提供）

堆積層、それから数は少ないですが、鞴《ふいご》の羽口のかけら、鉄滓なども、このあたりから出ていますので、本丸のすぐ近くですけれども、仮設的な工事現場といいますか、金属加工をするための一画が、ここに設けられていたようです。

以上から見て、この本丸附段がどのような性格であったかというと、本丸とのあいだに、巨大な堀がつくられた当初はともかく、ごみ穴がつくられ出したり、堀が埋められたころについては、本丸の正面側とは考えにくい。少なくとも一六二〇年ごろから寛永の大火（一六三一年）までは、むしろ本丸御殿の裏側、晴れの場ではなくて奥向きの一画として扱われていたのではないかと考えます。となると、このころの本丸の大手というのは、やはり先に説明した、東ノ丸唐門側だったのだろうと考えることができます。

なお寛永の大火のあと、本丸から二ノ丸へ御殿が移されて、本丸は実質的な機能を失っていくわけであります。ただ、儀礼的な空間として、本丸の機能・役割は位置づけられ、残るのですが、そのときになって本丸附段は、あらためて本丸正面の空間として特に何もない広場として、整備されていったと考えられます。ですから非常に皮肉なのですが、本丸が実質的な機能を失ったのちに、この鉄門というのは正面玄関になったのだという見とおしを、いま持っています。

次に本丸の北側の発掘調査についてご説明します。本丸というところは、北西部分が突き出しています。この部分がいつ付け加えられたのか、そのことがわかった調査です。本丸北側は、明治以降に軍隊が入ってまいりまして、この大切な部分を弾薬庫につくり直したので、現在は、大きくぼんでおります。
江戸時代は現状よりもっと高い位置に地盤があったわけです。ただし、軍隊が掘りくぼめてくれたおかげで、このあたりの斜面を削ると造成の具合が断面で地層となって見えるという利点があるわけで、最小限の発掘で大きな話ができるのではないかという考えを持って調査に臨みました。

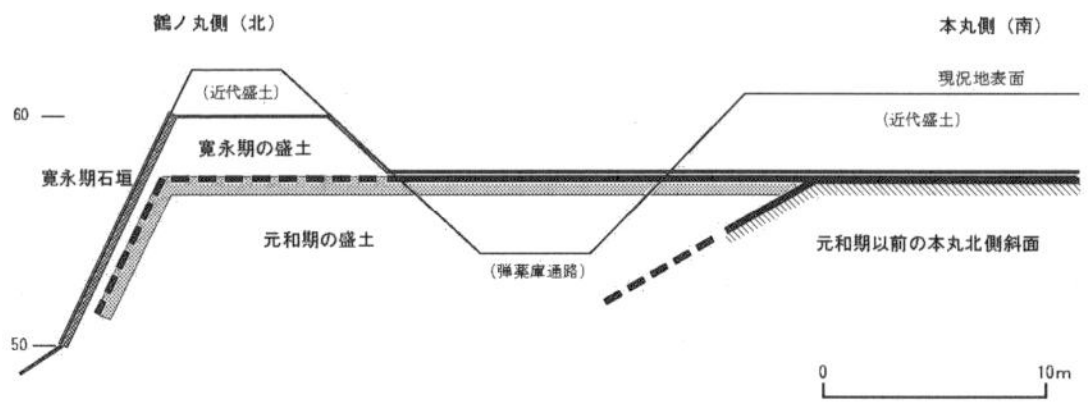

図８　本丸北側造成状況断面模式図
（石川県教育委員会文化財課金沢城研究調査室『年報５（平成18年度）』挿図を改編）

その成果をご説明いたしますが（図８）、まず一番南側に観察される堆積層があります。結論から言いますと、これは元和六年の本丸火災以前の土と考えられるもので、慶長期の本丸の北の端をあらわすラインではないかと考えています。

次に前面（北側）にせり出すように盛土が盛られます。高さは六メートル以上ある非常に大きな整地です。遺構や遺物、文献資料を総合的に解釈すると、これが元和六年の火災を契機とし、元和七年の造成に当たるのではないかと思われます。寛永八年の大火後の整地については、本丸に対しては、あまりたいしたことをやっていないようです。

以上をまとめますと、本丸に関しては、元和の造成が、現在の縄張りを決定するのに大きな影響を与えているということがわかりました。

今回注目した本丸における元和期の造成、過去の調査成果も総合して考えると、まず先ほど本丸附段で説明しました、文禄期ぐらいにつくられていた堀を埋め立ててしまう。それから本丸の北側を大拡張している。これが一連におこなわれたことがわかってきています。

非常に単純化して言えば、文禄・慶長期の整備が軍事的な側面が強いとすると、御殿部分の拡張、それが元和・寛永期の造成の根本的なところにあるのだろうと考えております。

以上、金沢城の段階的な整備についてお話ししましたけれども、ごくごく一部が解明できただけで、だいぶ大風呂敷を広げてご説明しています。何しろ天守がどこにあったか、どんなかたちをしていたのか、まだ全然わかっていないのです。そういうことも今後解明していく課題がたくさんあります。

あまり時間がないのですけれども、金沢城に関しました石垣の調査研究というのが進んでいますので、大急ぎでお話ししたいと思います。

金沢城の石垣

金沢城の石垣は、自然石積から割石積、粗加工石積、金沢城独特の言い方なのですけれども、これらの変遷がうかがえます。この自然石積み、これは安土などとよく似ています。金沢城でいいますと文禄期までの段階です。前田利家がまだ生きていたころの石垣の積み方です。

次の段階になりますと、石を割って、割った面を表に見せます。これが慶長期段階の石垣です。

さらに割った面に対して鑿《のみ》を細かく入れ、かたちを整えていく。これを金沢城では粗加工石と呼んでおりますが、粗加工石積の段階に移り変わってくる。これが先ほどから元和年間以降の特徴であると考えています（図9）。

自然石積の特徴ですが、築石はまさに自然石で、割った石をあまり使ってない。ただ、角の石は、割った石を使っているという特徴があります。なお角脇石という、この石の脇を支える石が、のちには明確化するのですが、文禄年間は、築石と変わらない状況です。

慶長頃になりますと、割石積になります。この角石に関しては、割石のなかでも特に加工が進んできます。それから先ほど言いました角脇石が矩形に整ってきて、はっきりわかるようになってきたというのが、慶長段階の特徴です。元和になりますと、築石も、鑿が入る粗加工石が使われるようになりました。それから角石と角脇石が切石になってきます。

元和期のもう一つの特徴として、石にマーク（刻印）を付けることが普遍的になる。これは積み方そのものとはかかわりないかもしれませんが、普請の体制などの変化と関係があるのかもしれません。

このあと粗加工石積の流れのなかで、さらに江戸時代の前期に向けて変化が進む。元和ごろの積み方は割合荒っぽい積み方です。寛永期にはかなり横目地を通して、そろってまいります。寛文頃、寛永より三〇年ぐらいあとで、十七世紀の後半になってきますと、もう石のかたちが非常に整ってきます。規格化がどんどん進んでくる。そういう変化があります。

丑寅櫓下（北）（東ノ丸北面）

1期　文禄年間頃（1592～1596）

自然石積

- 築石は自然石主体（割石混じる）
- 隅角部：算木積み
  （角石は割石、角脇石未成立）
- 刻印ごく稀

■ 小面が割面・ノミ加工面の築石　　辰巳櫓下（本丸南面）

2期　慶長年間頃（1596～1615）

割石積

- 築石は割石主体
  （ノミによる部分加工石混じる）
- 角石加工進展、角脇石の定着
- 小型刻印増加

東ノ丸附段（東）（上部積み直し）

3期　元和年間頃（1615～1624）

粗加工石積

- ノミによる部分調整の粗加工石主体
- 角石、角脇石の切石化（～7期）
- 小型刻印普遍化

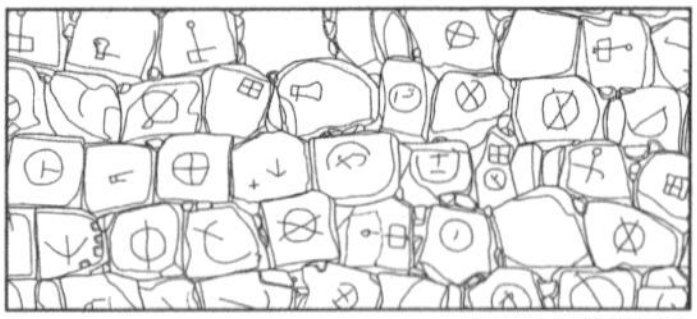

石川門下（白鳥堀縁）

4期　寛永年間頃（1624～1644）

粗加工石積

- ノミによる全面調整の粗加工石主体
- 粗加工の板状詰石出現
- 刻印の大型化

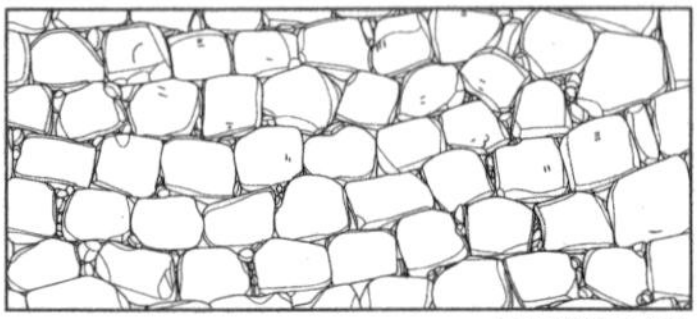

二ノ丸菱櫓下（東）

5期　寛文～元禄年間頃（1661～1704）

粗加工石積

- 粗加工石の規格化
- 隅角の稜線を縁取り加工
- 精加工の板状詰石出現
- 刻印の減少、大型刻印の消滅

0　　2m

図9　石垣の変遷（石川県・石川県教育委員会『金沢城フォーラム　石垣の匠と技』より）

この石垣整備の諸段階を見ても、金沢城の築城の変遷を、ある程度追うことができます。文禄期の石垣は本丸の東側と、発掘でわかった本丸の西側に顕著に見られるのです。慶長期は、本丸の南側と城の大手筋に対して石垣化をはかる段階です。

元和期になりますと、石垣としてはむしろお城の大外回りをかなり整備する特徴があります。最後に寛永期は新たに御殿となった二ノ丸を中心に石垣化がはかられて、この寛永期をもって金沢城の石垣化というのはほぼ完了し、それよりあとは改修になります。

金沢城の石垣の特徴は、いまお話ししたことよりも、切石積石垣にこそ真髄があるのですが、それはまた機会を設けてお話しさせていただきたいと思います。

城下町の諸相

それでは、城下町の様相について説明していきたいと思います。最初にこれからお話しします、調査地点の位置について確認しておきたいと思います（図２）。

まず中央のお城のすぐ下に①と打っているところ、これが中世の段階の遺跡としてお話ししました、広坂遺跡です。それから、お城を挟んで北側に②というのがありますが、これは前田氏（長種系）屋敷跡。初期の町屋から武家屋敷への変化がうかがわれる遺跡です。

そして図の左上のほうに、③と④という番号を打っていますが、③が木ノ新保遺跡という城下の縁辺の遺跡です。足軽の組屋敷が発掘された遺跡です。④というのが昭和町遺跡と言いまして、町人地を中心とした発掘調査がなされています。

金沢城下町の成立過程を扱った研究というのは、寺内町のところでも少しご説明しましたが、田中喜男先生の論考（文献15）が代表的です。田中先生の所論としては、建設時期を三段階に分けるという特徴があります。まず前田利家が入城してきた天正・文禄年間。寺内町以来の町場を古金沢町と呼び、前田利家はこれに対抗させるために、故郷の尾張とか、あちらから呼んだ町人を新たに新金沢町というのをつくって対峙させる、そういう段階だというふうにおっしゃっています。

第二次建設期は慶長段階、関ヶ原合戦前後なのですが、ここでの一番の特徴は二つの惣構をつくったことと言えます。第三段階が、先ほど来お城の最終的な形状変化が起こったという元和、寛永期でございまして、それは街道の整備や、火災を契機とした町割りの変更を断行したという段階です。この三つの建設時期を経て、十七世紀の後半には城下の姿がほぼ固まったというご意見です。

考古学のほうで、この田中先生の所説に対して、対案なり検証なりを進めなければいけないのですが、なかなかできていません。ただ城下町が急速に広がって、江戸時代を通じての範囲にかなり近づいたのは、元和年間が画期になるのではないかということが、城下の端のほうでの遺跡の出土遺物から言えるようになってきています。それから、絵図などで出てくる武家屋敷の下層から、実はその下層に町屋があったというような事例もあります。

写真6　前田氏（長種系）屋敷跡　下層遺構（㈶石川県埋蔵文化財センター提供）

写真6は前田氏（長種系）屋敷跡です。前田長種という人物は前田利家の娘婿にあたる人物で、加賀藩きっての重臣の一人です。この前田長種の子孫が、寛永十六年（一六三九）から金沢城の大手前で広い邸宅を構えることになりました。

前田長種がやってくる以前は何があったのかわかってなかったのですが、発掘調査をしますと、この前田氏の屋敷の遺構面、さらに掘りくぼめますと、東西に細長い敷地を持つ小さな屋敷区画が発見されてきたのです。

これは町屋から武家地への変化を具体的に示した遺跡です。それから、寛永期以前は大手筋に対して間口を向けるような町割りが、このあたりはなされていたのではないかということもわかってきています。

現在、金沢城のこの辺りの姿を見ると、お城のすぐまわりというのは武家屋敷になっているのです。武家屋敷があって、武家屋敷を挟んで北国街道が東西に走っているのです。町屋はその北国街道に間口を向けているということで、いわゆる横町というスタイルをとっています。

膳所なども、お城の前に町屋が横方向に、お城の表に対して並行のかたちで主要街道が入っている。金沢も現在は、そういう姿になっているのですが、初期の段階は違っていたのかも知れません。北国街道からお城に引き込む大手筋に商人たちを住まわせていた時期があった。そういうことも推測させる遺跡です。

続いて、先に中世段階の遺跡として紹介した広坂遺跡です。これは身分の高い武家の屋敷地に相当する場所です。城下町の調査例としては面積、質量、最大規模です。中央の上のほうには、絵図に表現された屋敷割図、その右側には発掘調査でわかった区画ラインというのを示しています（図10）。

細かな説明を省かしていただきますが、だいたい絵図と発掘調査とがうまいぐあいに一致しています。それよりも重要なのは、絵図ではわからない、区画施設の在り方が変化しているということが発掘でわかったのです。

十七世紀前半では、屋敷の区画施設は比較的幅の広い溝でした。ところが十七世紀中葉から十八世紀前半では、板塀のような、わりと簡略な塀で区画するようになった。十八世紀半ば以降の屋敷の区画が、現在でも金沢城下町のシンボルになっている土塀です。下に川原石の石垣土台を作り、

金沢城下図（石川県立図書館蔵）
延宝期

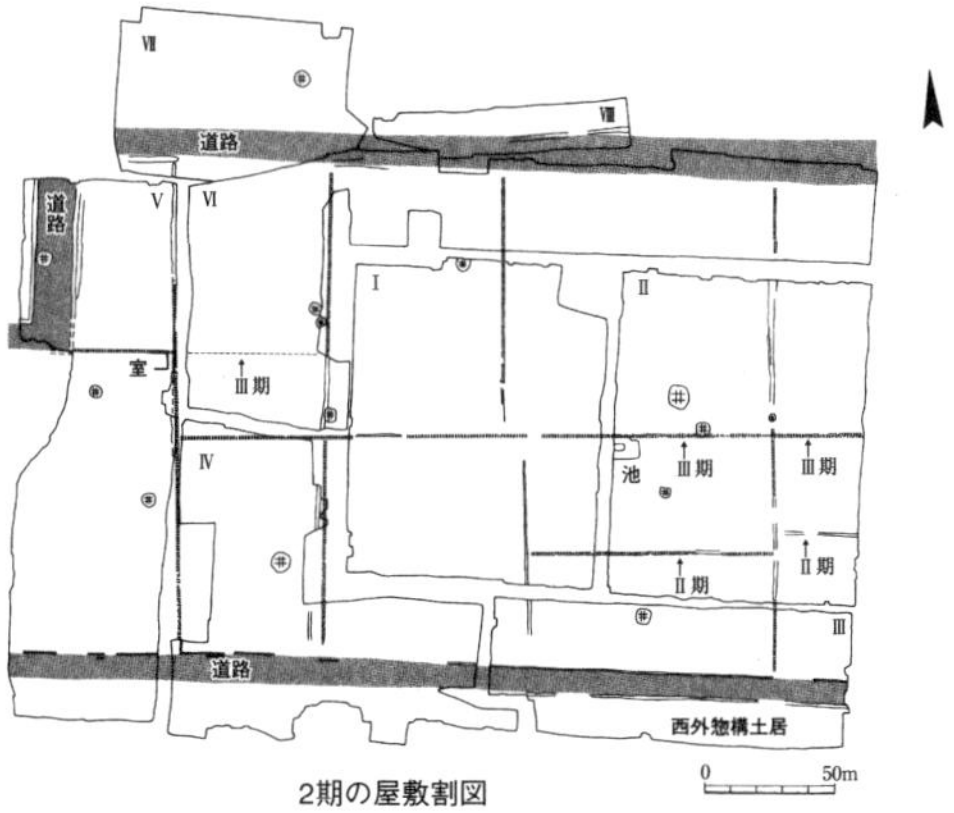

2期の屋敷割図

図10　広坂遺跡屋敷割図

（金沢市（金沢市埋蔵文化財センター）『広坂遺跡（１丁目）Ⅲ』、『広坂遺跡（１丁目）Ⅳ』より）

その上に分厚い土塗りの壁をのせる構造をもつもので、お寺などでもよく見られますが、武家屋敷に土塀が採用されたのは、江戸時代の中ほどの可能性が高まってきています。

そういうわけで金沢城下町は、江戸時代の前半まではいまとではずいぶんイメージが変わっていたということが発掘でわかってきたのです。

それから、広坂遺跡のような武家地では礎石建物が、わりと当初から使われています。けれども、十七世紀の前半ぐらいの主要な建物は掘立柱建物です。礎石建物のほうがちょっと珍しいぐらいなのです。これも意外ですが、一千石、二千石取りの武家の屋敷地でも掘立柱がわりと普通に使われていた。これが江戸時代のごく初期の様相です。

次に、足軽組屋敷の調査事例についてご説明したいと思います。今回城下町の説明をするのに、一番ここを強調したかったのですが、あまり時間がございませんので、簡単になるかもしれません。金沢の城下町図を見ますと真ん中に城があり、それから武家屋敷や町屋があって、一番端に巡っているのが足軽の組屋敷です。

これは金沢よりも、むしろご当地の彦根などで、たしか城の南側が非常に大規模な足軽組屋敷が広がっていたと思いますが、各地の城下町絵図を見ても、近世城下町のパターンの最たるものの一つが、城下町縁辺に配置された足軽町ではないかとさえ思っています。

城下町の形状は、けっこうさまざまですが、足軽組地が城の近くに配置されるというのはまず考えられなくて、たいてい武家屋敷、町屋、さらにその外側に規画的な四角い矩形の町割りが、まるで団地のように配置されるパターンがあります。金沢も例外ではありません。そのうちの一つが紹介する遺跡ですが、足軽組地であることに加えて、それ以上に城下町の縁辺部分の特徴を非常に醸しだしている遺跡です。

木ノ新保遺跡は絵図を参照しますと、一部農村部分を組み込みながら、足軽組屋敷から下級武家の屋敷地に転用していったということがわかります。

発掘調査をしたところで足軽組屋敷以前は、墓場であったことがわかっています。埋葬に用いられた棺桶の中には酒樽の転用品もありました。

この樽には「諸白」と書いてあって、わりと上等なお酒だと思うのですけれども、その諸白という横に「上木新保町」という墨書があったので、このお墓になっていた段階、おそらく十七世紀の前半ですが、そのころにはすでに周辺は町場化していただろうと思います。

だからこのお墓も、お寺に付属したお墓があったのではないかと思われるのですが、この足軽屋敷は、お墓が廃絶したあと造営されることになります。絵図からは、並行した直線的な道路が通っていて、非常に規格的な計画的な町割りがうかがえるのですが、造成そのものは非常に手薄でして、おそらく、地表面に棺桶の先端が飛び出ているような程度だったのではないかと思うのです。

これは余談ですが、金沢に現在も残る元足軽組地を訪ねますと、とても細いけれども並行する通路に整然とした屋敷割りが実感できるのですが、意外に自然地形に左右されている。道は真っ直ぐだけれど、上下にアップダウンしていたり、個々の屋敷地も階段状になっていたりいうことで、絵図で見ると非常に計画的ですが、造成はあまりされていないことがうかがえます。この木ノ新保遺跡の整備も、墓地が終わったあと薄く造成しただけなのです。

発掘で検出した屋敷地の中心となる建物については、二列で上下に三室ある間取りに復元できます。平面の形は、近年まで残っていた足軽屋敷に非常によく類似しています。検出した建物は、十八世紀前半に廃絶したものなのですが、現在まで残っている足軽組屋敷の建物とよく似ているので、これはむしろ変わらない伝統と言えるかもしれません。ただし、発掘した建物はやはり掘立柱の構造でした。ですから江戸時代の前半までは、足軽屋敷の建物は掘立柱が主流であった可能性がたいへん高い。これは現在とずいぶん違っているところです。

なお足軽組屋敷があったころ用水を挟んだ西側というのは湿地帯で、おそらくハス畑のような状態になっていたと思います。ここに大きな桶が一〇個ぐらい並んでいたのが見つかりました。これは桶場と申しまして、肥料をためておく施設です。場所柄、城下町の人家のし尿を農家の人が集めるのに使ったのだろうと思います。江戸時代のし尿処理場が横にある、まさに城下町の縁辺部の雰囲気を醸し出しています。

さて町屋については、いわゆる間口の狭い短冊型の地割りです。城下町としての典型的なパターンを踏襲していまして、道路に面して建物があり、敷地の中ほどに井戸があって、最も奥にはごみ穴が集中するというものです。

町屋の遺構は、なかなか江戸時代を通じての変遷がうかがいにくい面があるのですが、やはり金沢の場合、町屋に関しましても、江戸時代の前半は掘立柱建物が主流です。

実は福井県に一乗谷朝倉氏遺跡という戦国時代の有名な城下町がありますが、ここの町屋は礎石建物です。金沢も当然、礎石建物があってもおかしくないのですが、掘立柱を好んで使っているような雰囲気があります。もちろん武家屋敷やお城は礎石建物も並行して使っているはずなので、礎石と、掘立柱の関係は、もう少し課題を整理していかなくてはならないなと思っています。

最後に城下町に関しての写真を見ながら補足的に説明させていただきたいと思います。

先ほどの前田氏（長種系）屋敷跡の遺構（写真6）を見ると、遺構の性格はよくわからない部分もありますが、ここに礎石の根固めと思われるような石がずらっと並んでいて、どうやら屋敷の中の廊下と思われる一画が検出されています。この下層から町屋の跡が見つかって、東西方向に細長い地割りラインが、いくつも見られるわけです。

屋敷の奥におそらく貯蔵のための穴蔵だと思うのですが、そういうものを設けている事例を挙げておきました。

発掘調査では、美濃焼の織部がまとまって出土しています。やはりお城の真ん前にある町屋ということで、もしかすると商品として扱ったのかもしれませんが、そこそこの身分の町人が住んでいたのではないかと思っています。寛永年間に武家屋敷に移り変わって、ここの町人たちはおそらく北側へ押し出されたのではないかと思います。

次に広坂遺跡、これは先ほどの前田氏の屋敷とは反対の城の南側に所在しています。屋敷跡の区画ラインはわかりにくいのですが、初期には溝で区画されているということです（写真7）。広坂遺跡では惣構の一画も掘っています。惣構の土居が削り取られた跡が見つかっていて、その土居の前に通路がある。通路から入ったところに屋敷地が整備されている。全体で考えれば、こういうようなかたちになっている状況です。

通路に沿って土塀の痕跡が認められます。この前にあるのは土塀に伴う石組の溝で、溝の後ろに礎石が並んでいる。これが長屋門の跡であろうと思われます。これらの調査から、十八世紀の後半以降、武家屋敷の区画が土塀になったということがわかるようになりました。

そのほか厠の跡ですとか、池の跡ですとか、そういうさまざまな施設がこの広坂遺跡では発見されておりまして、陶磁器も非常に豊富に出ておりますので、金沢城下町の編年や武家屋敷の標

写真７　広坂遺跡　第Ⅱ調査区中層
（金沢市（金沢市埋蔵文化財センター）『広坂遺跡（１丁目）Ⅲ』より）

準的な在り方を考える上で、モデルになるような遺跡です。

あまり遺物の話はできませんでしたが、十七世紀代のはじめというのは、金沢ではまだ伊万里焼が出ていなくて、中国の輸入陶磁器を使っていて瀬戸・美濃焼ではいわゆる織部の茶器などが出土します。一般的なお椀、皿は陶器では九州の唐津焼、これがたくさん入ってくる頃です。

次に木ノ新保遺跡、これはＪＲ金沢駅の敷地内の遺跡です。現在も駅の一角になっておりますが、ここはまさに城下町の端っこ部分です。

最初の段階はお墓が作られていて、棺桶が出てきました（口絵Ⅷ）。これは十代ぐらいの若い男の子のお墓ということで、いろいろ葬送儀礼にかかわるような副装品を持っています。このような墓が廃絶したあと、十七世紀の後半ごろから足軽屋敷ができるのですが、石敷き、小砂利を敷いた道路があります（写真８）。

百姓地、ここではハス畑のような湿地ですが、その境には用水が通り、更にその脇に桶がずらっと並んでいました（写真9）。これが桶場というの肥だめ群があったところです。レジュメでは省略しましたが、足軽組屋敷が縮小されて、江戸時代の後期になると足軽と似た

写真8　木ノ新保遺跡　通路等検出状況
（㈶石川県埋蔵文化財センター提供）

写真9　木ノ新保遺跡　桶場遺構
（㈶石川県埋蔵文化財センター提供）

り寄ったりなのですが、陪臣といいまして、身分の高い侍に仕える、殿さまに直接仕えない人たちの屋敷地が展開するのですが、そのころになりますと、上水道が出現します。

ただその上水道は金沢でも自噴水地帯にしかできない。深さ数メートルの管を通しまして、そこから湧き上がってきた水を竹樋を通して屋敷のあちこちに供給するという構造をしています。これが近世後期になって金沢城下町でもやや北のほうで、たくさん見られるようになるということです。

それからこれも端折りましたが、足軽屋敷のなかで面白い地鎮の遺構が見つかっています。墨書のある木箱が穴の中に納められていて、何か呪文が書いてあります。何が入っているのかと開けると、金箔を張った鉄の玉が出てまいりました。鉄の玉とか土の玉とかを入れて地鎮をするという文献もあるので、その一つのバリエーションだと思うのですが、江戸時代後期の産物です。

最後になりました。ここでは町屋の調査例として、JR金沢駅にちかい本町二丁目遺跡のを取り上げます。市街地の真ん中で、突き当たりが金沢駅です。

町屋の典型的な在り方として、背割りの下水が入る。屋敷境は小さな杭で区画されるのですが、おそらく板塀のようなものがある。屋敷地の中ほどに井戸があり、間口側に建物が建っている。建物、井戸、ごみ穴がセットになった、そういう典型的な町屋敷の跡が観察できたところです(写真10)。

城下町に関して、もっと多くを言わなくてはならないのですが、一つだけ付け加えますと、紹

写真10　本町一丁目遺跡　町屋跡
（金沢市（金沢市埋蔵文化財センター）『金沢市本町一丁目遺跡Ⅲ』より）

介した事例は計画的な区画をもつ典型的な町屋です。しかし近世の城下町では、かなり早い段階から百姓地が町場化してゆくという、そういう動きが見られます。そういう場所では、はたしてこのようなきれいな計画的な町割りがなされているかどうか、発掘調査では意外に屋敷の区画はよくわからないのです。

　そういういわば場末のようなところでは、どんな住民構成になっているかというと、江戸時代後期の絵図を見ますと、例えば武家の奉公人、つまり侍に仕える中間とか小者といった人たちなどが多く、そこで店を構えて商売している人は意外に少ない印象を受けます。

　これらの労働力が、どんどん近世城下町に集まって増え、そこが町場化していくという、中世からの展開では考えにくいような動きがありますので、近世城下町固有の問題として、発掘調査でその遺構の構造や変遷をどう捉えていくのかということも課題になってくるのかなと思います。

時間も超過しまして、まとまりのない話で恐縮ですが、これで私の話を終わりたいと思います。

どうもありがとうございました。

参考文献

1 浅香年木「金沢城と城下町金沢の前史—山崎窪市と寺内町金沢」『日本城郭史研究叢書5 金沢城と前田氏領内の諸城』名著出版 一九八五

2 石川県立埋蔵文化財センター『金沢城跡石川門前土橋（通称石川橋）発掘調査報告書Ⅱ』一九九八

3 石川県教育委員会・㈶石川県埋蔵文化財センター『金沢城跡Ⅰ』二〇〇二

4 石川県教育委員会・㈶石川県埋蔵文化財センター『金沢市 前田氏（長種系）屋敷跡』二〇〇二

5 石川県教育委員会・㈶石川県埋蔵文化財センター『金沢市木ノ新保遺跡』二〇〇二

6 石川県・石川県教育委員会『金沢城フォーラム 石垣の匠と技』二〇〇五

7 石川県教育委員会文化財課金沢城研究調査室『金沢城を探るNo.4』二〇〇六

8 石川県教育委員会文化財課金沢城研究調査室『年報5（平成十八年度）』二〇〇七

9 金沢御堂・金沢城調査委員会編『金沢城跡』石川県教育委員会一九九三

10 金沢市（金沢市埋蔵文化財センター）『昭和町遺跡Ⅱ』二〇〇三

11　金沢市（金沢市埋蔵文化財センター）『金沢市本町一丁目遺跡Ⅲ』二〇〇三
12　金沢市（金沢市埋蔵文化財センター）『広坂遺跡（1丁目）Ⅲ』二〇〇六
13　金沢市（金沢市埋蔵文化財センター）『広坂遺跡（1丁目）Ⅳ』二〇〇七
14　高橋康夫他編『図集日本都市史』東京大学出版会一九九三
15　田中喜男「城下町の成立・変容」『伝統都市の空間論・金沢―歴史・建築・色彩―』弘詢社一九七六
16　西川幸治他「蓮如の道―寺内町の形成と展開―」『環境文化』58　一九八三（『寺内町の研究第1巻』法蔵館一九九八所収）
17　三浦純夫・垣内光次郎「金沢の石造遺物」『金沢市史　資料編2　中世二』金沢市史編さん委員会二〇〇一

■執筆者紹介

藤井　讓治（ふじい　じょうじ）

一九四七（昭和二二）年生まれ
京都大学大学院文学研究科博士課程単位修得
現在　京都大学大学院文学研究科教授
専攻　日本近世史
著書・論文
『日本の歴史⑫　江戸開幕』集英社　一九九二年
『徳川家光』吉川弘文館　一九九七年
『幕藩領主の権力構造』岩波書店　二〇〇二年
『近江・若狭と湖の道』［編著］吉川弘文館　二〇〇三年
『彦根藩の藩政機構』［編著］サンライズ出版　二〇〇三年

谷口　徹（たにぐち　とおる）

一九五三（昭和二八）年生まれ
明治大学文学部卒業
現在　彦根市教育委員会文化財課学芸員・（兼）彦根市企画振興部企画課（世界遺産登録推進担当）
専攻　考古学
著書・論文
「佐和山城の絵図」『彦根城博物館研究紀要』6　一九九五年
『近江戦国の道』（共著）サンライズ出版　一九九五年
『幻の名窯　湖東焼』サンライズ出版　一九九六年
「小谷城の絵図」『彦根城博物館研究紀要』9　一九九八年
『井伊直弼の茶の湯』（共著）図書刊行会　二〇〇七年

中村　智孝（なかむら　ともたか）

一九七一（昭和四六）年生まれ
龍谷大学文学部史学科卒業
現在　財団法人滋賀県文化財保護協会企画調査課主任技師
専攻　考古学
著書・論文
滋賀県立膳所高等学校校舎等改築工事に伴う発掘調査報告書『膳所城下町遺跡』（共著）滋賀県教育委員会・財団法人滋賀県文化財保護協会　二〇〇五年
「県内出土の近世焙烙について」『淡海文化財論叢』第Ⅱ集　二〇〇八年

木戸　雅寿（きど　まさゆき）

一九五八（昭和三三）年生まれ
奈良大学文学部史学科卒業
現在　㈶滋賀県文化財保護協会調査整理課長
専攻　日本考古学　城郭史

著書・論文

『よみがえる安土城』歴史文化ライブラリー　吉川弘文館　二〇〇三年
『天下布武の城・安土城』新泉社　二〇〇四年
「安土城天主研究史を考える」『考古学論究―小笠原好彦先生退任記念編集―』二〇〇七年
「安土城の大手道は無かった」㈶滋賀県文化財保護協会『紀要』20号　二〇〇七年

古泉　弘（こいずみ　ひろし）

一九四七（昭和二二）年生まれ
駒澤大学文学部卒業
現在　東京都教育委員会　学芸員
専攻　日本考古学

著書・論文

『江戸を掘る』柏書房　一九八三年
『江戸の考古学』ニュー・サイエンス社　一九八七年
『江戸の穴』柏書房　一九九〇年
『地下からあらわれた江戸』教育出版　二〇〇二年

滝川　重徳（たきがわ　しげのり）

一九六六（昭和四一）年生まれ
金沢大学大学院文学研究科修了
現在　石川県金沢城調査研究所（調査研究専門員）
専攻　中・近世考古学

著書・論文

『金沢市　金沢城跡Ⅰ』石川県教育委員会・㈶石川県埋蔵文化財センター　二〇〇二年

近世の城と城下町 —膳所・彦根・江戸・金沢—

2008年３月25日　初版第１刷発行

編　集　財団法人滋賀県文化財保護協会
滋賀県立安土城考古博物館

発　行　財団法人滋賀県文化財保護協会
滋賀県大津市瀬田南大萱町1732-2
TEL077-548-9780　〒520-2122

制作・発売　サンライズ出版株式会社
滋賀県彦根市鳥居本町655-1
TEL0749-22-0627　〒522-0004

ISBN978-4-88325-350-0　C0021